像诗一样真实

严恭自传

严恭／著

中国电影出版社 2007·北京

作 者 像

1950 年严恭在中央电影局艺术处

1952 年严恭夫人蓝馥馨在东北人民艺术剧院

1963 年，严恭夫妇在研究《满意不满意》配音艺术方案

1948 年《三毛流浪记》在上海苏州河桥上拍摄外景

1963 年拍摄《满意不满意》时的工作照

1983 年拍《月到中秋》时给演员说戏

严恭夫妇50年代与女儿陈五月、儿子陈德赛合影

1999年严恭与女儿陈五月（前左一）、外孙张蓝天（前左二）、女婿张俊（后右一）、儿子陈德赛（后左二）、孙子陈经海（后左一）合影

2005年春节，抗战胜利60周年、中国电影百年双庆之际与儿子一家合影，后排左为儿媳张丽

目 录

出 版 前 言

2005年是中国电影诞生100周年。在漫漫的历史长河中，中国电影走过了艰苦卓绝而又辉煌灿烂的路程，涌现出一大批杰出的电影艺术家。他们与历史相伴，无论是在清末民初重大的社会变革时期，还是在战火纷飞的抗日战争、解放战争中，特别是在新中国成立后的和平建设年代里，他们勇于开拓，勇于创新，克服各种困难，拍摄了众多的享誉世界的经典之作，创造了举世瞩目的业绩。毫无疑问，追寻他们的艺术足迹，描绘他们的多彩人生，展现他们的宽阔胸怀，对于全面推进中国电影的研究工作，增强民族的凝聚力，加强爱国主义教育，都具有重要的意义。为此，在庆祝中国电影百年华诞的喜庆日子里，中国电影家协会组织编纂了《中国电影家传记丛书》，并授权由中国电影出版社出版该套丛书的首批图书。

《中国电影家传记丛书》首批图书，选择约20余位电影家为对象，包括从事编剧、导演、表演、摄影、事业管理等工作的电影家。通过对于他们流金岁月的回顾、生活历程的展示，描述他们的人生阅历，记录他们为中国电影发展所做出的卓越贡献。同时，也可以对一些重要的电影历史进行过滤和补正，增加电影研究史料的积累，达到以史鉴今之功效。

首批图书以每人一部著作的形式，总计出版约20余本。作者将在对传主深入采访以及搜集补充相关的历史材料的基础上，以纪实文学的笔法，对传主的演艺生涯、政治生活、家庭生活等方面，进行往事的梳理和不脱离事实范围的文学描写。因此，全书既有一定的学术性，又具有较强的文学色彩；既有个人传记的纵向特点，又不完全拘泥于琐碎细节，而注意展示所述重要作品、重大事件横切面的宽阔历史背景；既严格尊重历史事实，又大胆进行具有一定想象力的文字发挥。

首批图书中的各本著作，本着形式多样的原则，根据传主的情况和意愿，在口述实录、自传和普通传记等多种传记形式中，确定不同的体例。

在酝酿首批图书的传主人选时，优先考虑从未出过传记者是一个重要因素；此外，突出反映电影艺术创作中主要部门的著名电影家的成就，更是整套丛书的出发点、着眼点。由于传主各自的情况不同，相对应著作的文字与图片数量也将有所不同。

特别需要说明的是，《中国电影家传记丛书》是一项长期选题，也是一项民族电影学术工程，今后在适当的时机，还将陆续出版丛书的其他电影家传记图书。

《中国电影家传记丛书》编委会

2005年6月

序

在纪念中国电影100周年之际，91岁高龄的著名电影艺术家严恭同志，以饱满的激情、朴实生动的语言撰写出《祖国，我们爱你》这部感人至深的回忆录，真实地记录、描绘了我国老一辈电影艺术家为党的电影事业无私奉献、勤奋耕耘的高度历史责任感、艰苦的奋斗历程和执着的革命情怀。

严恭同志是中国电影发展的历史见证人之一，他的一生都与中国电影的繁荣发展、与中国社会的进步紧紧地联系在一起。20世纪30年代，正是中国人民在中国共产党的领导下，奋起抗击日本帝国主义侵略的民族救亡运动时期，严恭同志毅然投入到轰轰烈烈的抗日救亡洪流中，先后在南京、上海参加大众剧社和实验剧团。抗战爆发后随上海救亡演剧队辗转南京、安庆、武汉等地，1938年参加周恩来同志组建的“抗敌演剧队”，1941年参加新中国剧社。在1934年—1947年的十三年间，他参加演出革命进步戏剧八十多部，其中在二十多部戏中任主角，独立执导的话剧有二十多部，参与编剧十多部。这一时期，严恭同志的剧作感奋于时代风潮，倾情于社会主题，显示着强烈的革命现实主义精神。

1947年，受党的指派，严恭同志开始在电影界工作，用新的艺术形式参与到社会进步运动中来。1948年，他任上海昆仑影业公司导演，1949年以后，先后在中央电影局艺术处、长春电影制片厂、南京电影制片厂从事电影工作。他创作了一系列优秀的电影作品《卫国保家》、《结婚》、《满意不满意》、《月到中秋》、《逢凶化吉》等，深受广大人民群众喜爱，获得了良好的赞誉。其中《三毛流浪记》(1949 年)取得了强烈的社会反响和国际声誉,《祖国的花朵》(1955 年)于 1980 年获第二次全国少年儿童文艺创作一等奖。这一时期,是严恭导演的创作丰收期,激情燃烧的时代赋予他艺术的灵感,他注意从日常生活的一个侧面选取素材,反映时代的进步,呼唤真善美,抨击假恶丑,让观众在会心的微笑中获得生活的启迪。

严恭同志作为一名 91 岁的老党员、老艺术家,从事革命工作 71 年,经历了中国革命和时代的若干历史阶段。在中国社会的发展实践中,在对电影、戏剧艺术的执着追求中,他始终保持一颗殚精竭虑为民族解放、为人民服务的炽热的心,始终保持着向人民大众学习的艺术品格,他的艺术修养和电影艺术经验,作为精神财富不断激励着年轻一代不断创新。进入新世纪,老人壮心不已,勤奋著述,令我敬佩。《祖国,我们爱你》是历史的回顾,是艺术的总结,更是中国电影辉煌的历程的一个生动的侧面。在我们隆重纪念中国电影诞生 100 周年的时候,我认真拜读了严恭老人的著作,深受感动和教益,为此热切地推荐给电影界的朋友们,希望我们电影界的青年一代艺术家,学习严恭导演高尚的精神风范,弘扬中国电影优良传统,努力贴近时代、贴近生活、贴近群众,不断创作出无愧于时代、无愧于人民的电影精品。

衷心祝愿严恭导演健康长寿,凌云之志常在,永葆艺术青春!

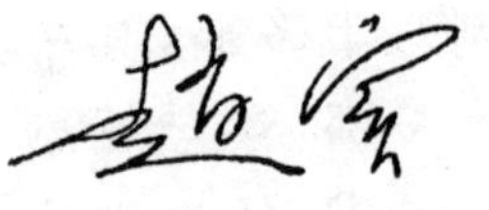

2005 年 4 月 7 日

注:经作者同意,《祖国,我们爱你》更名为《像诗一样真实》。

我二十岁时参加革命，那是 1934 年，至今已有七十二年。参加革命伊始，即在党领导的文化战线上，荷矛执戈，兢兢业业，自认是无怨无悔的马前之卒、不言退缩的过河之兵，回忆那抗日烽火岁月，从事艺术也竟为七十二年。

从艺七十二年里，前十三年投身于戏剧运动，后半段投入新兴的革命电影事业，至今从影五十九年。

我们这一代文艺工作者，都是在日寇向中国伸出魔爪，举国发出救亡的呼声时，凭着朴素的爱国热情，参加左翼戏剧运动的。在党的领导教育下，学习了马列主义，提高了觉悟，认清了真正能挽救祖国，使人民走向幸福富强的道路，只有共产主义。

苍茫岁月稠。年复一年的贺年片里，同代老友越来越少。环顾四周，1934 年参加左翼剧联南京分盟的，只余我一人；1937 年在上海参加救亡演剧队的老队员，亦只余几人。深感有责任记录下那烽火的历程，尽管自知才疏学浅，笔秃文涩，但信念和深情使我查核繁杂的资料，坚持写下去，作为对伟大时代、对亲友的纪念。对史料的真实记录，将使人们更了解我们这一代——20 世纪二三十年代的热血青年所走过的路，了解在那血雨腥风、艰苦的环境中，我们的生活和内心世界。

我坚信读者，特别是年轻的朋友，能够理解我们，因为大家都是炎黄子孙，都热爱祖国母亲。“祖国有前途，个人才有前途。”我们每个人的命运都紧紧地与祖国连在一起！

历经六载寒暑，每日的曙光都催着我写好这本书，但这真是艰难的工程。感谢家乡江苏省委宣传部、广电集团、南京电影厂对我数十年来无微不至的照顾。江苏省电影家协会给予的温暖，常使我惊喜激动。感谢国家广电总局和中国电影家协会，在我九十岁生日时发来的贺电，特别是广电总局的领导在繁忙的工作之中亲自发来的贺卡、贺信，那饱含美好祝福的温馨话语，不但温暖了老人的心，而且给了我极大的鼓舞。终于，在“抗日战争六十周年”、“中国电影一百周年”的大好日子里完稿，仅将此书作为一个耄耋老影人、老剧人的献礼。

我和老伴蓝馥馨的艺术生涯和生活道路，是和祖国人民的命运紧密联系在一起的。蓝馥馨1939年参加夏衍领导的《救亡日报》，我们从此携手全心全意投入到抗日救亡，粉碎反革命文化围剿的斗争中，演出了抗日战争那个伟大时代几乎全部重要的话剧，计约七八十部，活报剧、歌咏、诗朗诵无以计数。就在抗战烽火里，在争取人民解放的斗争中，我们成长为导演和部分话剧的主演，也编创了一些剧本，较深入、全面地掌握了影剧艺术的创作方法和艺术技巧，我因之与赵明兄联合导演出影片《三毛流浪记》。对这部影片的思想性和艺术性，国内、国际给予了较高的评价，这实质上是对党领导的左翼文化运动卓越成就的肯定和褒扬。

新中国建立后，电影事业从1949年到1955年是第一个大发展的时期，1959年到1964年是第二个辉煌的阶段，改革开放后，又呈第三次飞跃。在这三个发展阶段，我导演的电影《祖国的花朵》、《满意不满意》，馥馨翻译、导演的《曙光照耀莫斯科》、《百万英镑》、《罗马十一时》、《上尉的女儿》、《卖花姑娘》、《奇普里安·波隆贝斯库》等影片，受到人民群众的热情欢迎和赞誉。

祖国和人民给了我们创作的力量和源泉。是的，我们心中永远深情的呼声是：祖国，我们爱你！

话说故乡

已经过了大半个世纪，往事如烟。据说，时间久远的事物浮出记忆，是老年思维的特征。所以，往事并不是像烟一样地虚幻缥渺，相反的却是那么清晰，像电影画面一样不断地在我的脑海里闪现……

当然，人生都应该从故乡说起。是的，人人都爱自己的故乡。我曾听说过在荒漠的大西北，有一个号称"风口"的地方叫"民勤"，那里的人们形容自己的贫穷，并不是以物质和金钱来量化的，所说的是："天下有民勤人，民勤没有天下人。"意思是，过去，民勤本地人只要有一点办法，就向其他地方逃荒。而外地人说什么也不愿意到民勤去……然而，我在火车上曾经遇到一位老人，他自述在外边谋生漂泊几十年，现在要赶回家乡去，落叶归根。我不经意中问他是哪里人？他竟然回答：是民勤人！我的震动，不了解详情的人是难以理解的。这就是中华民族的"故乡情结"。

说起故乡，每个人都充满了感情，用最美好的语言，极力寻找出故乡的优点：秀丽的山川、名刹禅林、历史古迹、先贤先哲、千古名人。我的家乡却

三十年代的秦淮河畔

不需要我搜肠刮肚、费尽心思地找出歌颂的理由。因为,她委实太有名了,她就是——南京秦淮河畔的夫子庙。

然而,且慢,当我真正要歌颂家乡的时候,却一下子找不出来一个确定的词了。

夫子庙无山,如果不算大成殿后的“卫山”,但那是连孩子都用不了几步就可以登上去的小土包,若除去孔老夫子的光环实在算不上一座“山”。至于秦淮河的水,早在朱自清、俞平伯两位年轻善良而又有点书呆子气的莘莘学子,在秦淮河“小漆板”上为听歌受窘时,水就已经称不上“秀”了,而且随着从清末到民国,无论是秦淮河水还是社会风气都是越来越混浊了。

夫子庙的热闹繁华是历来被称道的,但它不像北京王府井,商贾大户聚集,名店林立;夫子庙前的泮宫广场是跑江湖的活动之地,然而,这也不像北京的天桥、天津的“三不管”,它毕竟有“东南第一学”之称,还是“江南贡院”、“两江考棚”。

于是,我突然明白了:世界上有一些地方是不能用简单几句话概括清楚的,我的故乡夫子庙就是这样一个地方。

的确,秦淮河的历史“含金量”很高,但是,在桨声灯影中折射出来的,更多的是民族性,而且有民族性的恶劣部分。直言亲者“讳”,不能算大不敬。

1990 年被联合国教科文组织选入《儿童道德丛书》的我国古代幼童开蒙经典《三字经》曰:“宋齐继,梁陈承,为南朝,都金陵。”

秦淮河历来有“六朝金粉”之说,从首先在南京建都的东吴开始算起,历经东晋、宋、齐、梁、陈、南唐。实际上,还有值得一提的小朝廷,如南宋,国都在北方被破,蒙受靖康之耻——徽、钦二帝被俘,于是匆匆继位的皇帝逃到金陵建立了南京,这就是重用千古奸相秦桧,十二道金牌召回岳飞的高宗赵构,这种状况被称为“偏安”。东吴、东晋、南朝是封建割据的局面,历经八王之乱、侯景反叛,处于三国两晋、五胡十六国及五代十国的纷争局面。其它国家虎视眈眈,互相争战,残酷杀戮,不强则亡;而“偏安”的小朝廷更是处于大兵压境、国破家亡的危机形势中。

在这种状况下,皇帝和重臣本应卧薪尝胆,艰苦奋斗,任用贤能,励精图治。但是,奇怪的是,这些皇帝却是一个比一个荒淫无度,奢侈腐败。把前代的宫殿拆了又盖,一次比一次更奢华。东昏侯萧宝卷大造宫殿居然以麝香涂壁,亭台楼阁用大量金玉珠翠装饰;就是那个南唐后主李煜,“一怒杀三忠”,最终落得一个手捧玉玺,向宋军投降的下场,到那时,才感到无颜见祖宗、百姓的羞耻,用白纱蒙面。他的宠妃——秦淮歌妓窅娘,曾为讨其欢心,

民国初年时从秦淮河看夫子庙

把脚缠成“红菱角”。李煜大喜，命人用几百片金叶缀成莲花，用巨形碧玉雕成荷叶，供她在“金莲玉荷”上婆娑起舞。从此开始了近一个世纪的缠“三寸金莲”的野蛮风俗。整日纵酒欢宴、不理朝政的陈后主，竟然因为麇集大臣文士，竞制艳词淫曲，在历史上留下“狎客”和“宫体诗”两个格调低迷的称谓。就在他沉迷于自己的得意之作《玉树后庭花》不久，即因民不聊生，奸佞当道，朝政昏昧，被隋朝大军如入无人之境，包围了京城。此时骄奢的后主，唯一的才智是带着最宠爱的孔、张两妃子躲入废井中，隋军来到，堂堂一国之君，竟然演出了“男子汉大丈夫，说不出来就不出来”的丑剧，但当隋军威胁要往井中丢瓦片时，他立即乖乖爬出束手就擒。因之，后世把《玉树后庭花》称作不祥的“亡国之音”。

晚唐大诗人杜牧游金陵感慨万千，挥毫写下“商女不知亡国恨，隔江犹唱后庭花”的千古名句，此诗题名为《泊秦淮》。昏庸荒淫之君给秦淮河无端蒙上了羞辱。他们或者是暴君，疯狂地搜刮民脂民膏，肆意残杀黎民，甚至任意闯入百姓家里，剖开孕妇的肚子查看胎儿的性别；或者是昏君，为了保住偏安享乐的局面，重用奸佞小人，迫害忠臣良将。对敌军却奴颜婢膝、摇尾乞怜，主动称臣，不惜做“儿皇帝”。南京历史记载“有王者之气”，所以才演出了楚威王“埋金以镇之”；秦始皇东巡金陵凿方山，断长城的“压五气”之史剧，秦淮河之名由此而来。但到那些昏君之时，无须别人“镇”、“压”，后世诗人感叹地指出：“金陵王气黯然收”，都落得一个短命王朝的下场。可以说在这些皇帝的身上，集中了民族性中最卑劣的部分，南京和秦淮河，也跟着落了不好的名声。

这种风气最使人关注的是道德的沦丧。这些小王朝纲常混乱，为争夺皇位，兄弟残杀，父子相煎，部下叛乱，篡权夺位。“梁武帝饿死台城”，就是起因于其侄萧正德勾结叛军抢夺王位。更有甚之，梁武帝的亲儿子邵陵王萧纶率兵就驻扎在城外，却为自保，竟然按兵不动。

更为可怕的是一种“享乐至上”的价值观、道德观，为了享乐不惜使用一切手段，醉生梦死，快活一天是一天。夫子庙旁的秦淮河畔就成了这种人欲的发泄场所，这里发达的不是商业，而是“效管仲设女间”——娼妓的相关行业。《六朝金粉》叙述得很恰当：“纸醉金迷、挥金如土”。“粉”即是妓女。《续板桥杂记》上记载：“秦淮河房，向为妓者所居。……自十余年来，户户皆‘花’，家家是‘玉’，冶游遂无虚日”。“娼”胜繁荣，从古代的“官婢”、“官奴”、“行院”到清朝、民国时的私娼，只能说世风越来越污浊。

古代，尚存些高风亮节，那时“妓”与“伎”，字相通义却径庭。“伎”字本身带有富具技艺的女性之含意，更多的是卖艺，古代文人和妓女来往更多的是精神享受，所以才出了闻名遐迩，琴棋书画皆精，才貌双全的名伎，甚至美名流传青史。清末以后则“世风不古”，出现了大量私娼，转化为赤裸裸的人肉交易。这种享乐至上的风气，像瘟疫一样传入后世，到了国破家亡的时刻，越发显示了其毒害作用。1937 年，就在国民政府大老爷们“慎重”研究女招待要不要佩戴“桃花章”未决之时，日寇就入侵南京，在大街小巷抡起了屠刀。夫子庙的“繁华”在直奉军阀混战时如此，在日寇南京大屠杀以后仍然如是，“八一五”光复、内战打响后还那样，这就使人不寒而栗了。一个民族没有高尚的道德观、价值观是要亡国的！这个历史的警示给我深刻的印象。

当然，这些丑恶的世相也不能使夫子庙失去其光辉，丝毫没有减弱我对故乡的热爱。美和丑总是对立的，爱国的激情是任何力量也压抑不住的，“美”在秦淮河又以两方面的特点体现。一方面，从晋成帝公元 337 年建“太学”，宋景佑元年立“文宣王庙”——即“孔夫子庙”以来，这里就成了文人荟萃之地。百多年后，宋朝又在此首设“贡院”，开春秋两科，作为国家考试院录取官员；直到晚清“两江考棚”，更凝聚了浓郁的文化气息。甚至几百年来，对于推动整个江浙地区文化发展起了重要作用，使山清水秀的江南，文人荟萃，才气纵横，大家名流迭出，开一代诗画之风，领百年之风骚。至今，夫子庙尚留状元坊、魁光阁、魁星亭等文人鱼龙跃化的地名，遥想当年，遍地莘莘学子，该是何等壮观的场景。

另一方面，国家危难，引发正直文人忧国忧民之情，他们愤而成立“复社”，与“东林党”一样，“家事、国事、天下事，事事关心”，“莫谓书生空议论，头颅掷处血斑斑”。慷慨陈词，昭告天下。以文人最激烈的方式，在“祭孔大典”中将南明宰相马士英和兵部尚书阮大铖赶出孔门，这就是所谓“斯文扫地”，当年在夫子庙广场上发生的是充满正义豪气的壮剧。

而更多的儒生还只是发出“淮水东边旧时月，夜深还过女墙来”的伤感。往事不堪回首，但他们手无缚鸡之力，亦无餐风露宿的勇气，更不要说浴血杀敌了。于是，只得寄情于诗词歌赋、字里行间，而唱和的知音就是秦淮李香君、柳如是、寇白门、卞玉京等名伎。频繁的争战使得败落的官宦千金沦落风尘，她们不但有很高的文化素养，而且同样怀有忧国之情。艳绝风尘，却侠骨芳心，甚至做出比男士更壮烈的爱国之举。平日里则与文士才子唱和，将一腔忧愤寄于琴瑟歌画。这两方面因素融合，形成了秦淮河艺术气质的传统。这是上海、北京、广州任何一地都没有的。

这就是我的故乡，我的复杂、多彩而可爱的故乡。

出山寻食的“小虎”

1914 年 1 月 19 日，东方现出曙光的清晨，我生于秦淮河南岸，夫子庙东牌楼，“聚贤斋”古玩店后院，取名陈宝润。妈妈说我是“出山虎”，早起就得出山洞找食吃，注定是劳碌命，一辈子闲不了。这话一点不假。母亲生了十个孩子，但只留下五兄妹，我是第三个孩子，前边有大姐和哥哥，但以男孩排序则为二哥。

说起来，我们家族还是“革命世家”。我的奶奶是秦淮河边的本地姑娘，出身贫穷造就了她干练、泼辣、有主见的性格，尚在豆蔻年华，就在文德桥头摆个茶摊，此时遇见了安徽宁国籍的年轻的太平天国战士。秀美朴实的姑娘和英俊善良的小伙儿，两人相爱订下终身。这里详细的情形，在当时不会给我们多讲，然而我想那一定有着迸发出闪光的激动人心的情节。想一想：太平军杨秀清的“东王府”就在拐过弯即是的瞻园路，两个青年相识已令人莞尔，在太平军失利的战乱中，那梳着油黑大辫子的苗条姑娘，又是怎么为意中人担忧；在清军入城大肆搜捕太平军时，她又是如何说服家里，不顾危险和非议毅然成亲的呢?！这在封建社会不啻一声响雷，非同小可。我深信这是美丽动人的姻缘。

于是说起“革命”，我首先想起的是我的奶奶，我觉得她的“革命性”胜过那义军爷爷。我是否秉承“革命遗传”？那可是地道的“血统论”，当然是说笑了。但从小我就常常想起她，虽然童稚气地带点侠义色彩，而我的个性，也许不知不觉中受到了影响吧。

我父亲陈友伯，排行老六。最早因家道贫寒，常年沿街串巷以收破烂为生。这个底层行当，因为要收很多旧货，挑的箩筐很高大，南京俗称为“挑高箩”。

晚清至民国初年，社会动荡，战乱不断，促使了古玩业的发展。一方面，连年的军阀混战，新权贵上台必购置豪宅。虽有权势，怎奈“房新、树青、画不古”攀附者欲送大礼首选必为古玩；另一方面，历来古玩都在战乱中“出世”，因为许多豪门望族败落，家里几代珍藏的宝物，或被抢掠，或没本事的

后人为生计被迫出售。而“城头变幻大王旗”的频繁，又加快了这种周转，从而更加刺激了古玩业的发展。看似平常的古玩，可以说是世事兴衰、风云际会的征兆。

收旧货正是古玩经手的第一环，父亲是个勤快聪明人，遂敏感地率先经营古玩。他在刻着“文官下轿，武将下马”的东牌楼旁开设了“聚贤斋”古玩铺，经营金银竹石、琴棋书画、翡翠玉器。

古城墙、老民居，蕴藏着丰富的民族文化，在孩子眼中都是神秘而有趣的

记得常在凌晨两三点钟的时候，我就被父亲叫起，他递给我一个蓝布包袱皮，我就用来扎在腰上，抵御黎明的寒冷。一路上我小跑着跟在高大的父亲身后，跑到朝天宫、明瓦廊或评事街。黑漆漆的胡同两边靠墙蹲着人，都戴着大草帽遮住脸，只看到些怪异的黑影，没有吆喝声，静悄悄地。我恐怖地紧紧拉住父亲的衣角，他提着上面带罩的马灯，灯光只照着地上布单摆的文物，有意买，则两人低声交谈几句。东方刚见亮，集上的人就迅速悄声散去。父亲告诉我，这就是“黑市”，规矩是不许照人脸，戴大草帽就是防备。买东西不能问从哪里来的，因为或者这些文物是偷抢的，或者是败家子弟羞于见人。

如果买了东西，就用蓝布包好，由我背回家，我的酬劳是两个烧饼，若碰到是肉包子，则让我欣喜若狂。

至今东牌楼这条街仍是文物汇集之处，除古玩铺，相配套的还有专做红木花瓶底座的店，还有丝竹乐器、古旧书籍、麻将牌店等，颇有文化氛围。

父亲为人谦和、守信，又收藏了不少珍品。记得国民政府主席林森，几

乎每个星期天都乘坐不大的玻璃棚马车到"聚贤斋"来看字画(一个挎驳壳枪的随从站在车厢后面,居高环视警卫)。父亲每周都为他寻觅字画,届时,父亲穿着洁净的长衫,挽着雪白的袖口,母亲还为他备好青呢布鞋、白布袜子,非常清爽利索地准备接待。林森是只看不买的,有时也借回府去慢慢品味,但下次来时,一定会"原璧奉还"。因此,我们家很有些名气,父亲被选为"古玩商会会长"。

父亲还出资在夫子庙地区成立"盛泽水龙救火会"。平日,黑白相间的会长绶带、闪闪发亮的水龙喷头,郑重地悬挂在堂屋,一旦发生火灾,他就立即佩戴绶带,领头救火。他还在小党家巷口设立了存放救火的水龙车的会所,水龙车是当年那种用人力杠杆压水式的。

父亲自己出身贫苦,一到寒冬腊月,"送灶王爷"以后,就在米店买了各种面值的米票,救济贫苦的邻里。但是,到我出生的时候,家道已日渐衰落。我记得父亲重金礼聘的专司文物鉴定的老先生,每天还坐在店堂的红木桌旁享受一包洋烟的时候,我常被母亲悄悄叫到后院厨房,塞给我一个"老刀牌"香烟大纸盒,让我去买一盒米,叮嘱不要被别人看见;或让我到东花园去挖野菜"菊花蘮"、"枸杞头"。于是,我像脱缰的野马跑上朱雀桥,经过乌衣巷,直奔白鹭洲。儿时的我哪里知道,自己穿过的是"朱雀桥边野草花,乌衣巷口夕阳斜。旧时王谢堂前燕,飞入寻常百姓家"那浑厚的历史,经过的是大书法家王羲之的宅门。

经济的拮据,使家里只供我六岁时念了一年私塾,是在大四福巷,顾先生开的塾馆。因为是初入学堂,所以称为"开蒙",意思是让孩子"混沌初开、脱离蒙昧";但那是硬逼着话还说不明白的幼童背诵《三字经》、《百家姓》等,加上挨板子、打手心、罚跪的"开"法。我实在是"混沌难开",幸亏家里供不起了,这种日子我只挨了一年。

从此,小小的年纪,母亲就把我当个大人用,照顾弟妹,帮做家务,还因为我机灵胆大,"外交"的事,特别在大人不好出面时都派我办。

其中最难的"外交"是每天到秦淮旅馆要钱。论起来这旅馆的主人是我的二姑父,传说直奉战争中,两个奉军士兵躲进他的小旅社,直军入城大搜捕,两人仓皇抢了二姑父的衣服换上,逃走前的夜里,二姑父警觉地听到窗外"咚"的一声,像什么东西掉到秦淮河里。风平浪静以后,他看奉军士兵没回来,就悄悄下河,果然捞出装着首饰和"袁大头"的包袱!从此盖起了楼房。这都是私下里的流言,当然不足为凭,但人无横财不富,他骤然暴富是真的。于是妈妈求他让我们家摆几副麻将牌在他那儿,借给客人,租金是旅

馆拿大头，我们得小头。每天黄昏，我去二姑父的旅馆，账房堂倌对我都百般“挖酸”(南京话，意为挖苦、嘲讽)，不许我挨近柜台，只能站在墙角，长时间不理不睬。姑父看见了也不理我，最后施舍似地丢几个铜板，不许问到底租了多少。年幼的我，饱受羞辱，只能咬着牙，不吭声，深深体会到贫富的差别、社会的不公。

五光十色的学校

生活的艰辛没能使我消沉、畏缩。没钱读书，这五光十色的夫子庙，就是我真正的“开蒙学校”。

在这里，我——一个睁大了眼睛的孩子，饥渴地看着四周形形色色的生活。

南京的俗语是：“早上皮包水，晚上水包皮。”即早上要去茶馆喝茶，晚上要上澡堂泡澡，这两个习俗，成为我至今的爱好。

如今在家里喝杯茶是极简单的事，然而，我小的时候，喝茶是寻常百姓很难做到的。第一个“难”是井水咸涩，喝茶要用长江“外江水”，要用船经“西水关”运到城内各地，夫子庙就是个“上水点”，再用水车走街串巷送到茶馆、住家，所以许多沿河的小巷叫“水巷”，路面被水车碾出两道辙印；再一个“难”在当时家中都是柴灶，烧点开水不易，又没暖瓶保存，所以茶馆遍及大街小巷，夫子庙作为娱乐场所尤其多。在我的眼里，“茶馆”是个有趣的地方：那里可以听到新闻，当然，也有市井流传的令人惊讶或恐怖的怪异传闻；每座茶馆都固定聚集着不同的人群，“五行八作”的行会就自然形成，我到处去看工匠们的奇怪工具和“经纪人”在袖子里捏手指头讲价的诡秘神情……总觉得这里有许多稀奇的故事。之所以特别提茶馆，因为那是夫子庙一道特殊的风景线。除了行会、新闻等以外，茶馆还兼有许多社会功能。

到了下关——宁芜小铁路通车以后，新修的铁路淮清桥低，使画舫无法通过，不能出桃叶渡驶往更宽阔的河口纳凉赏景，游艺活动就逐渐由船移岸。茶馆里增加了说书、唱大鼓、歌女唱小曲和流行歌曲，乃至演文明戏，茶馆也改名为“茶戏厅”。

有一天，我随着人流奔向茶馆，从围在外面人的大腿缝里钻到前边，看见茶馆里坐满了身穿黑箭衣、腿扎绑带的“青红帮”，个个杀气腾腾，分坐两边，狠狠地对峙着。忽然，一个瘦弱、文质彬彬的年轻男子站起来，他一身崭新的雪白纺绸褂子，在黑衣人中很突出。只见他慢慢端起茶碗，向四周做了个“请”的手势，喝了一口，突然用力把茶碗摔在地上，又用脚狠狠碾压了几

下，然后蹲下，在地上捧了碎碗碴，站起身，两手慢慢从额头上抹下。我大气都不敢喘，满堂静得好像时间都停顿了。他把手拿下，脸色惨白，但霎时脸上浸出血丝，围观的人群发出“咿！——”的惊叫。血丝很快汇成血流满面，一直淌到胸前白绸上，洇出的血渍一圈圈扩大。这时，人群才爆发出“好！”的喊声。对面的黑衣人站起来，拱拱手，纷纷撤走。大人们说这就是“吃讲茶”，而且这是“文讲”。那苍白的脸上突然洇出的血滴，给我的冲击是那么强烈！人们为什么要喊“好”？那青年为什么要那样做？幼年的我有无数的疑问。

每每看到现在的孩子幸福地看着《十万个为什么》，我都会由衷地微笑。我的孩童时期，“十万个为什么”不是科学，而是那滚钉板、吞下长长宝剑的人；那卖打药、蛇药的人，用刀砍自己的手，用蛇咬自己的腿，他们不疼么？那大红伞下面挂着许多牙的江湖郎中，为什么用“离骨散”一点，牙就掉了呢？我心生惧怕，总是离红伞远远的；而那“仙人栽豆”的豆子，真被“仙人”拿走了么？算命的小黄雀又怎么叼得那么准？……

金陵的风俗隆重、守旧，而且一丝不苟。端午的粽子、重阳的糕、供灶王爷的糖瓜都成了父母进行民族传统教育的教材，对我们来说则是满足馋嘴的享受；过年用慢火把锅巴烘成的“大元宝”和剪的红纸窗花，简直是工艺品，我围着妈妈看，佩服得五体投地，唯独对春节每餐都要端上来的“鱼”噘了嘴，因为家里经济状况紧缩，只能用木头刻的鱼来代替，仍取年年“有余”的彩头。当然，我很快地学会钻风俗的“空子”，谋自己的愉快。正月的三天在家很难见到我，每日早出晚归，游玄武、爬城墙、扒白下路的小火车穿过全城到下关长江边，攒足了劲玩儿。所以敢如此放肆，有恃无恐，是掌握了“正月三天不打孩子”的老例。但三天后，无论母亲怎样百般呵护，我总要被严厉的父亲算次“总账”，明知年年都躲不掉，我却依旧疯玩，揉着发红的屁股，我仍觉得很值！

我的性格的确像“革命”的奶奶：淘气，好动，胆子又大，认准的事做到底，在东牌楼周围出了名。我领着弟弟和一帮孩子玩出了夫子庙小孩的“格”。南京的母亲骂儿子常用：“看你‘野’得像‘鸼鹒’！”。“鸼鹒”是我们没钱人家的孩子常玩的一种小鸟，两三个铜板就可以买一只。不用关在笼子里，用从姐姐那儿偷的各色丝线搓成彩色的细绳，套住鸟的脖子，用柳树枝把一头套个尖尖的铜笔帽，插在墙缝里，鸟儿就站在小棍上。再买个葫芦装鸟食，并且把小铃铛拴在葫芦上，一摇铃铛，鸟就飞到手上来吃食。后来，训练“鸼鹒”不用拴丝线，一摇铃铛，“鸼鹒”自动飞到手上吃食。孩子们一边唱着:“鸡鸨急,一飞飞到房屋脊,嘤唧嘤唧,谢你苏子谢你力”,一边互相比赛,看谁的“鸡鸨”飞得最高。

入秋后,金铃子是我的钟爱。它全身金黄,比米粒稍大一点,可是唱得很动听。七八只分别用小玻璃盒装好,只要有一只“叽呤呤”叫起来,其余的就都会一起合唱,有如金铃子的“演唱会”;入冬了,就装在小葫芦里,放在胸口或袖子里,也一样会唱。我还和小伙伴们斗蟋蟀玩,败了的蟋蟀就放掉。尽管夫子庙有很丰盛的花鸟市场,玩金铃子和蟋蟀,都是自己动手,到古城墙边、荒地里去捉,不花一文钱,至今我的头上还留着儿时捉蟋蟀磕碰的伤疤,但是真的玩得快乐。

夫子庙离我家只有十几米,秦淮河里有张灯结彩的大画舫,上面丝竹弦笙齐鸣,也有品茗乘凉的“小边港”。卖花神庙马家种的白兰花、茉莉花、晚香玉的小划子,挨近了真是花香四溢。也有卖鲜老菱、桂花藕、莲蓬头等土产的,而饼干、洋糖、荷兰水(汽水)等洋货,则是我们眼馋又吃不起的。

说起小吃,南京有著名的“四绝”、“八艳”,其“八艳”就是指秦淮河畔的美味餐点:有魁光阁的五香茶叶蛋、五香豆,永和园的开洋干丝、蟹壳黄烧饼,奇芳阁的麻油干丝、鸭油酥饼、什锦菜包、鸡丝面,六凤居的豆腐涝、葱油饼,奇芳阁的什锦菜包、鸡丝面,蒋有记的牛肉锅贴和瞻园面馆的红油爆鱼面以及莲湖甜食店的桂花夹心小元宵、五色糕点。当年这些名店亦只是简单的房屋,甚至是芦席棚子,拥挤的店堂里一律是粗木条凳、方桌,同样粗瓷大碗,真正完全是凭手艺、凭特色美味吸引了京沪、大江南北从显贵高官到平头百姓各阶层的人,老夫子庙人会津津乐道当年自己和梅兰芳同桌吃“烫干丝”的情景,当然,当年幼小的我也只能像“三毛”一样望食兴叹,馋涎欲滴。

夫子庙广场上云集的各种摊点和民间技艺

泮宫广场更是五光十色,让我目不暇接,乐不归

双人操纵的木偶戏

家。每天下午就锣鼓齐鸣，歌声婉转，有马戏、杂耍、拉洋片、卖草药、跑江湖、算命测字的半仙儿等。这里是“藏龙卧虎”之地，蛇医圣手季德胜、洪桂山等名医在这儿摆过摊；号称“东方劳莱、哈代”的韩兰根曾敲碟卖唱；黄梅戏魁首严凤英、鼓书名媛小黑姑娘（金慧君）也在这里献过艺。

这里是艺术的世界，幼小的我得天独厚。我曾钻过竹篱、垂柳到“隐园”茶社听有名的戴炳奎自弹三弦唱书，他不时插科打诨引人发笑；比起来更使我着迷的是白髯拂胸的胡老先生的评书《包公传》，就凭他的白胡子，我就相信他说的都是亲眼所见。广场还有说相声的，两个人身穿长衫，先打竹板招引观众，人来得差不多了，就掏出小布袋，拿出一支粉笔用手指碾碎，在地上倒着写出“相声”两字，然后说：“相、声——相貌之相，声音之声……”再说段“绕口令”，唱段“西皮二黄”和流行歌曲。说唱到一个段落，就拱手作揖说：“有钱的帮个钱场，没钱的帮个人场。”有的听众就向地上扔铜板，我没钱，只能帮个“人场”啦；我也看过扬州戏《梁山伯与祝英台》，剧团用竹子搭大棚，周围用绳网圈住，门口有个大汉，怀抱竹筒收门票钱，嘴里还一边喊着：“来，来，来啊！——来看扬州戏啦！”我个子小，钻进去，他也不阻拦。扬州戏唱得我也听不懂，只记得有一场戏：梁、祝睡在一起，中间放一只花花绿绿的纸糊的枕头，防备梁山伯“不老实”。到了晚上，秦淮河岸边就聚集了拉胡琴的名师，各自拿出“绝活”，斗得难解难分，便宜了围观的听众，在喝彩声中，我如醉如痴……

给我影响最深的是在“文莱茶戏厅”演的“文明戏”，有时装戏《张汶祥刺马》、《秋瑾就义》，还演小仲马的《茶花女》以及《空谷幽兰》等。主演有王吾能、王为恐、顾无为，女主角叫林如心。文明戏没有剧本，只靠后台悬挂的小白粉板上写的每幕提纲，所以又叫“幕表戏”。但是，每出戏的“言论正生”，都要慷慨陈词，大发议论，针砭时弊，看着让人有些被“震”的感觉。

夫子庙有当时南京最新潮的新首都电影院，我从小就爱看电影，仍是大胆地偷着钻进去。起初是无声片，我对银幕上可以发出汽车喇叭、风雷等声音很好奇，想凑到银幕边去探奇。哪想到，乐池里坐的人，身边摆着各种效果器具，一边配合着捏喇叭，一边拿起早准备好的竹棍把我赶开。看来，我并不是第一个“猎奇”的小孩。但我仍想方设法去看，每片不漏。

我的童年尽管家穷，但却是那么多彩，正因为家境困窘，才使我那么自由、快乐。至今回溯童年，脑海里似乎浮现一个好动的男孩，他的眼前像电影的快速剪接，闪过——

民族戏曲极具美感的脸谱，
武旦旋转的长靠上亮片晶莹闪烁，
飘动的靠旗、飞舞的花翎，
升起的风筝上孙悟空似乎真的站在云端眨动眼睛，
抖动的空竹上的图案形成动感的螺旋，
快速击打的鼓键，
缎子似的波浪上，星星点点漂浮的灯火，
旋转中的百寿灯，
云间的龙、笑口常开的狮、昂首高啸的虎，
杨柳青年画抱着大鲤鱼的胖娃娃……

在故乡夫子庙，我从小受到戏曲、曲艺、戏剧、电影、民间工艺的熏陶，大大影响了我以后的生活道路。

小童工

欢乐的时光总是短暂的。我十三岁时，家道更加艰难，为养家糊口，家人无奈把我送到三姑父开的生昌钱米店学徒。钱米店没什么技术，只是扛沉重的米袋和为顾客把银元兑换为铜板，实际上是找个扛长活的苦力，还可以不给工资。从此我开始了童工的痛苦生涯。

起因是，长我四岁的大哥，人很聪明，大概在父亲的古玩店里看得多了，画得一手好国画，后来到上海商务印书馆做事(这是很不容易的)，每年八月十五中秋节他都要从上海回来，不幸十七岁时得了破伤风，治疗无效。我父亲中年失子，受到很大打击。同时，家道衰落，实在困难得过不下去了。

"中人"抓住我的小手在契约上按下手印，即使是亲三姑父，也立下了"任由师傅支使，生死概不相干"的字据。父亲少有地含着泪跟我说："娃啊，必须苦挨三年，三年满师。如果不能耐劳吃苦，中途逃跑，俗话就叫'放逃根'，就会给父母丢脸，被邻里瞧不起，指着脊梁说：'这娃儿没出息！'毁了自己的名声和前程！"所以我暗自下决心，一定要咬紧牙关，再苦再累也不能"放逃根"。

生昌钱米店开设在城南长乐路，离江宁县政府不远，两间门脸。老板说是我的三姑父，可一点体恤都没有，更不必说照顾了。每天早上，我要把比我高出一人的门板，一块一块卸下来；晚间关门，又要一块一块装上去，每一块都重得只能一点点挪动。特别是晚上，为防偷盗，还要上一根跟门脸一样长的粗木杠，我一个人根本拿不动，装上东头，因为力气小就装不上西头，常常被掉下来的门杠砸了脚，疼得掉下眼泪。但只能喘口气，擦干眼泪，用胸口顶住门杠，使尽力气往上抬。

每次进货，都是在中华门外，由小毛驴驮着帆布米袋运来。每袋十斗，每斗十五斤，一袋就是一百五十斤，都要我这个十三岁的孩子蹲下身，弯下腰，从头上抓住袋口，赶毛驴的人从后边抬着袋底抽上我瘦小的肩背。然后，我踩着跳板，一步一挪挨上去，从高处倒到大米囤子里。每一次进货，最少二三十袋，对我真是极其艰苦、沉重的劳动。我父亲、弟弟都是一米八几的大个子，唯有我被米袋和门板压矮了。

每天晚上，老板亲自给米堆上盖好“印记”，这是防备我偷米。我则还要把没卖掉的面条和上盐，摇着压面机压成挂面。后来出租自行车，我又增加了修车的工作。租车的人玩得晚，我就一直不能睡觉。每晚还必须记账，打算盘，把进出的账算得清清楚楚，所以，我算盘打得很熟练。那时候，一块钱合三百个铜板，学徒每月发一百个铜板，只够剃头、洗澡、零用。三年的学徒，我经受了超负荷的劳动，磨练了吃苦耐劳的意志，做到了南京老话说的：“咬口生姜喝口醋，什么酸甜苦辣都咽得下。”更重要的是：亲身经受剥削、压迫，站在社会底层劳动者的立场，对不平等的社会自发地产生了对抗的情绪。

满师后，只能拿到四块钱，不能养家糊口。家里看我三年硬撑下来，没给家里丢人，就托人找到南京电报局，去当递报生。递报生的工作，就是不停地把收到的和发出去的电报，送到“登录处”登记。到电报局时，我已经十七岁了，每月收入十四块钱。记得第一个月的收入我是这样支配的：给妈妈五块钱，可以买一担米，够父母和两个弟弟一个妹妹及我生活一个月；小时我只上过一年私塾，后来认的字都是自学的，所以我用剩下的钱找了中文、英文老师各一位学习，分别付三元钱；再用余下的买了一本小楷字帖学习写毛笔字，还买了一辆旧自行车。

我没有初中文凭，就不能升到报务员，当递报生每月最高收入十八元，于是就想另求发展。这不仅是钱的问题，更主要的是人生的道路如何走？个人前途在哪里？这是旧中国有正义感的青年都有的迷茫。

1933年初，托人介绍，我到位于南京三元巷口，属于“国防委员会”的“资源委员会”农业处，当临时统计员。我会打算盘，小楷写得挺工整，曾经给人誊抄状子，卖字为生，所以，对统计员的工作颇能胜任。于是有些闲暇，经常到“江苏民众教育馆”去。有一回，看见馆里的“大众剧社”招生，我立即报了名。

找到人生之路

二十世纪初，中国的戏剧运动随着时代的前进有了极大的发展。进步的戏剧工作者从思想上逐渐认识到自己参与改造旧社会的责任，艺术上也走出初期“文明戏”阶段的窠臼。洪深先生首议将“新剧”之称改为“话剧”，表明戏剧观念上的嬗变。在有影响的剧社中，一些中共地下党党员担任了中坚骨干，1929年，由党领导的“上海艺术剧社”正式提出了“无产阶级戏剧”的口号，并用演出时的大红前幕作为象征。

1930年6月，由于田汉先生领导的“南国社”演出根据梅里美小说改编的话剧《卡门》，因里面着意增加了烟草工人罢工和反对封建国王斗争的内容而被查封，多人逮捕，使得进步的戏剧工作者们深切认识到：必须加强团结，坚持斗争，成立统一的组织。秋季，在上海，中共江苏省委决定：成立“中国左翼剧团联盟”。不久，左翼剧团联盟改组为左翼戏剧家联盟，由党的“文委”①领导，沈端先(夏衍)主持会议，正式成立“左翼剧联”党团组织。从此，“左翼”戏剧活动蓬勃发展，并以上海为总盟，逐步发展、建立了北平、武汉、南京、广州、南通分盟。

左翼剧联南京分盟成立于1933年秋。在民众教育馆任职的瞿白音、施玉(施春瘦)、洪叶(吴天)因为原在上海美术专科学校，其“美专剧团”就是左翼剧联领导下最活跃的学生剧团，因而与左翼剧联早有联系。他们在民众教育馆组织了“大众剧社”。因瞿白音与我同在电报局工作，我跟着他参加了《五奎桥》等戏的演出。

除大众剧社外，还有一个由要求抗日、反对压迫、情绪激扬的几名中学生组织的“南钟剧社”，成员有舒强、吕复、王逸、水华、许之乔。他们通过“南国社”的关系，从上海请来了陈鲤庭、左明、宋之的，帮助排演《五奎桥》和《放下你的鞭子》。鲤庭先生其实是左翼剧联上海总盟派来的，他经过一段工作，觉得南京的这批戏剧工作者有一定的政治觉悟，革命热情很高，也具备

① 中国共产党中央文化工作委员会的简称，于1929年在上海成立。

艺术的悟性。于是经“总盟”批准，是年 8 月，正式派遣陈鲤庭、宋之的两同志来南京，将大众剧社和南钟剧社这两支力量合在一起，正式成立“左翼剧联南京分盟”(以下简称“分盟”)，由瞿白音(时为共青团员)和施玉领导。

这是江苏第一个由党领导的戏剧团体。“分盟”直属阵地为磨风艺社，“磨风”是英文“动”(MOVING)字的谐音，以一个强健的工人，推着滚动的大木轮图案为社徽。而大众剧社实际上为分盟根据需要运用的又一块牌子，对外以大众剧社作为更广泛联系群众的社团。

1933 年，我正式参加大众剧社，积极参加剧社组织的活动，思想提高很快，一扫过去的迷茫和彷徨，觉得找到了人生的意义与乐趣，很快地参加了成员要求更严格的磨风艺社。1934 年春，我被“分盟”正式吸收为盟员。

1934 年，左翼剧联南京分盟以江苏民众教育馆“大众剧社”名义演出《香稻米》。一排从右至左：王逸(右一)、许之乔(右三)、肖龙(右五)。二排从右至左：吴天(右一)、刘元(右九)、何纪良(右十)。三排从右至左：施玉(右一)、水华(右二)、章珉(右三)、瞿白音(右四)、许秉晖(右五)、章曼蘋(右七)、严恭(右八)、宋心如(右九)、舒强(右十)。

从 1934 年初起，在民众教育馆小礼堂、金陵大学、励志社礼堂等地，我随磨风艺社参加演出了洪深先生编剧的《香稻米》、田汉先生的《战友》、《江村小景》、《父归》和他根据高尔基同名小说改编的《母亲》、于伶的《丰收》、陈鲤庭的经典之作《放下你的鞭子》、张庚的《秋阳》、王逸的《二升米》及当时流行的《姐姐》、《回春之曲》、《乱钟》等。改编的外国戏《雪里的王冠》、《小偷》，后来改编为《三江好》的爱尔兰独幕剧《月亮上升》等，都成为了艺社的保留剧目，久演不衰，直到抗日战争开始。艺社还到工厂、学校、农村、淮安的清江浦演出，发现农民看不懂，临时根据当地遭水灾的事，现场编成活报剧，很受欢迎。“分盟”还按左翼剧联的指令，作为政治任务，派王逸参加反动的怒潮剧社，该剧社是为配合反动派对江西苏区围剿而专门成立的。王逸和左翼剧联派去的沙蒙在很短的时间内即开展斗争，拉出了一批受蒙蔽的业务骨干，搞垮了反动剧社。

不仅演剧，“分盟”还办画展，在《南京日报》、《新民报》等报刊上开设影剧评论专栏和文艺副刊。当时“学生剧运”和“蓝衣剧运”是进步的戏剧工作必做的，“蓝衣”即着工装的工人，都是我们工作的重点。

尤其重要的是，“分盟”实行革命队伍的政治生活制度：每周组织社员开“读书会”，主要读马列主义和革命的进步书籍，如艾思奇的《哲学讲话》（后改名《大众哲学》）等等；每半个月召开“生活会”，进行批评和自我批评。这些，对我的政治觉悟和思想方法有根本性的提高，明白了什么是工农掌握政权的苏维埃，苏联是如何幸福、平等、民主的社会，了解了国内革命的形势、苏区的建立、党的方针……从愤恨现实社会不平等的朦胧变革意识，提升到真正树立共产主义的理想，明确目前就是要在党的领导下，以演戏、宣传为武器，动员群众抗日，为建立人民的新中国而努力。

在这里记下一起战斗的瞿白音、吕复、沙蒙、章泯、水华、王家乙、赵明、舒强、许之乔、吴天、施玉、王逸、王苹、许秉铎、舒模、舒仪、叶向云、肖龙、王向奇、章曼蘋、何纪良、刘元、周镛、周芬、孙达之、宋心如等，以寄缅怀。

《娜拉》风波

1934年冬，左翼剧联的领导人之一章泯先生来到南京，为磨风艺社导演易卜生的多幕剧《娜拉》，王光珍（王苹）演娜拉，吕复演赫尔茂，舒强演克尔罗，水华演南开医生，我担任剧务和道具。1935年元旦，磨风艺社租白下路延龄巷“陶陶戏院”连演三天，一天两场，观者踊跃，场场爆满，很受欢迎。艺社群情振奋。左翼剧联帮我们租好了上海的剧场。正在最后签合同，准备去上海演出的时候，王光珍被父亲关在家中，上海之行只得付之东流。

1935年“磨风艺社”在南京重演《娜拉》的广告

没料到，风波进一步扩大到社会上，王光珍被她供职的兴中门小学开除。理由是：“大庭广众，抛头露面，粉墨登场，有伤风化，不能为人师表。”这分明是封建卫道士对进步文化人的迫害！艺社当即提出抗议，舆论哗然。磨风艺社领导人瞿白音化名在《朝报》上发表文章，指出：“交通部长张道藩可以登台唱戏，为何小学教员演戏就要被开除？！”迫使张道藩出面，装模作样地谴责兴中门小学。王光珍自己在《朝报》上也义正词严地发表公开信。“娜拉事件”轰动了南京，大家一致觉得：重演是最好的抗议。艺社决定在1935年3月8日国际妇女节那天，隆重重演《娜拉》。一经公示，即得到社会各方面的支持，我们租下了光华戏院。

南京是国民党首都，磨风艺社的革命活动，犹如在其心脏中扎了根刺，国民党政府恼怒痛恨有加，早已欲灭之而后快。

公演前四天，施玉突然失踪，估计因左翼剧联上海总盟遭破坏而受牵连被捕。按常规，“分盟”应立即分散隐蔽，但是，观众热烈期待，戏院已预售了戏票。我们下定决心，不管有什么危险，也要如期演出，而且要扩大影响，大造声势。磨风艺社当即在白下路“圣保罗天主堂”对面的寰球饭店租了房间，作为“公演筹备处”，决心即使国民党要捕人，也让他们在众目睽睽下暴露反动面目，便于民众声援我们。果然，3 月 7 日，就是公演的前一天，国民党终于下毒手了！他们派便衣特务窜入寰球饭店，逮捕了瞿白音、王逸、舒强和赵明。当时，我因为有一块供职的资源委员会农业处发的“国防委员会”的证章，急中生智，连忙取出来戴上，躲过了搜捕，当即四处奔走，通知吕复、许之乔等人紧急疏散，然后自己躲避到电报局同事石炎(石相予)镇江的家里。父亲知道后，追到镇江，狠狠地训斥我一顿，要我“改邪归正”。他老人家哪里知道，通过这次政治迫害，使我更认清了国民党的反动面目，经历了政治考验，更坚定了革命的决心和意志。

被捕的盟员被营救出狱以后，瞿白音到浙江衢盛电报局工作，大家又凑钱帮水华远渡日本，在东京，他和韦布、杜宣加入了“中国留日剧人协会”，继续进行演剧活动。

我也不能再回“资源委员会”上班了，更重要的是，如何继续坚持左翼戏剧运动呢？至于如何维持生计，当时都没有仔细想过。

正在此时，南京的报纸上登载了“国立戏剧学校”(1940 年改名为“国立戏剧专科学校”)向全国招生的启事。已经转入地下的“分盟”决定：为了保存力量，提高业务水平，也就是提高战斗力，同时抓住“剧校”这个阵地，团结新的朋友，开辟另一斗争的战线，指示我考入新成立的国立戏剧学校学习。为了在白色恐怖下掩护身份，保护亲人不被迫害，又指示我化名。因为我母亲姓严，自己订立的人生守则是：正派、踏实、爱国，于是，化名为“严恭”。

国立戏剧学校

说起这个中国第一所正规的戏剧教育学府——国立戏剧学校的成立，和左翼剧联南京分盟还有些“渊源”。在“娜拉事件”中出现的国民党高层人物、交通部长张道藩，因为“娜拉事件”被南京分盟“将”了一军，后来他看到社会各阶层都来支持我们的演剧活动，就改变面孔，登门称赞我们的演技，为表示友情，又在南京最大的安乐饭店备下酒席，请磨风艺社全体去赴宴，但都被我们“婉拒”了，并且拒绝上演他写的称颂蒋委员长“新生活运动”的剧本。

作为他个人，大概是受了刺激，但作为反动政府，肯定是看到了革命戏剧强有力的社会影响。于是在1935年春，作为国民党中央执委的张道藩、陈立夫等十三人，上书力陈戏剧事业的重要，建议立即成立国立戏剧学校以“辅助社会教育”。而一向官僚习气严重，办事效率缓慢的国民党中央，也破天荒地很快批准了这个提案，并指定张道藩为“筹备委员会”主任及学校成立后“校委会”主任委员。就是这个张道藩，后来又任国民党“文化运动委员会”主任、中宣部部长等职，极为反动。

但是，可叹国民党是太没有人才了，国立戏剧学校只得聘请由美国匹兹堡卡内基大学戏剧学系毕业的无党派戏剧艺术家、理论家余上沅任校长。

余先生热爱戏剧事业，在美国就联合诸学子成立了“中华戏剧改进社”，参加者不乏在中国学术史上熠熠闪光的专家，如熊佛西、闻一多、林徽音、梁思成、梁实秋等。该社在纽约演出了由余先生等编导的五幕英语话剧《杨贵妃》。那是一次国际戏剧展，他进行了把中国京剧传统艺术和西洋戏剧表演理念结合的实践，结果引起轰动。评论界认为：“胜过其他各国的一切表演”。演出结束后，按余上沅自己的话来说：“我们发狂了，三更时分，又喝了个半醉”（给张嘉铸[①]的信）。他们又聚到公寓的厨房里围灶烤火取暖，彻夜

① 张嘉铸：与余上沅同为旅美留学生，中华戏剧改进社成员之一，也是五幕英语话剧《杨贵妃》编导之一。

长谈,定下了立即回国实现"国剧运动"的誓言和宏伟计划。

1925年夏,他们克服了重重困难,终于回国了。在海轮驶进长江口时,他们激情难抑,热泪盈眶,举臂高呼:"可爱呀,咱们的中国!"甚至把西装一把脱下,奋力甩入大海。

但从上海一上岸,他们就碰到了"五卅惨案",亲眼看到了地上黎民的碧血,"恹恹地失去生气,三个人没说一句话,在纽约的雄心,此刻已经受过一番挫折"(给张嘉铸的信)。不幸的是,这不是旧中国的偶发事件,从1925年到1935年,余上沅始终为成立中国的戏剧学府和艺术剧院竭力奔波,碰了无数钉子,遇到政府冷漠蔑视、资金无着、社会观念歧视等诸多困难。"任何计划都等于零……"余上沅说:这一切是"中国戏剧教育的悲喜剧"。这"悲喜剧"的定义,深刻地反映出执政者对此的真实状态。

就在十年后,在他几乎绝望了的时候,国民党中央政府几乎在两个月的时间里,就决定办戏剧学府了。这反差强烈的对照,反映出张道藩之流一种怎样急迫的心态,甚至可以说,国民党当局在镇压我们磨风艺社的同时,就决定建立"自己的"戏剧学府了。这同时发出的两手,为了一个反革命的目的。

当时,余上沅正作为导演和艺术顾问,随梅兰芳访问苏联和欧洲诸国,在途中,7月电报受命,他即辞去高薪的职务,欣然应命;8月回国筹办,9月招生,10月18日正式开学。可爱可敬的中国正直文化人哪,为着民族与事业,他们可以倾其满腔的热血!

尽管当时"戏子"仍然被认为是"下九流",但毕竟时代已经到了1935年,更何况由于住宿和学杂费全免,于是报考国立戏剧学校者众多。全国分北平、武汉、上海、南京四个考区,这在当时是罕见的。考试也很正规,报名后领取朗诵、表演的独白是田汉著《南归》、小仲马著《茶花女》、余上沅著《塑像》的台词,还有小品即兴表演。我比较轻松地就被录取为第一届正式学生。

南京著名的鼓楼对面有一条不起眼的小巷——薛家巷,巷中9号,一座布满岁月沧桑的小院子,就是"剧校"租来的校舍。与现在的学府比起来是小而简陋的,只能让人联想到癯瘦、清贫的一介文人。进大门就是过道,第一个小天井两边的耳房为办公室,是真正的一桌一椅的蜗居,余校长和已在社会上名气远播的先生们都在这里办公备课,天井还兼制作道具布景的功能;再进去是唯一的大厅,一端是简易的舞台,厅里有课桌椅,最高档的教具是一架钢琴。用今天时髦的话来说,这是间"多功能厅",上课、练功、开会、排练，以至于演出都在这里，所以说现代兴起的小剧场演出，历史悠久矣。第二个小天井内则是一座两层小楼，为男女生宿舍。这窄小的校舍最多竟容纳百多名学生。

但正如曹禺先生忆及的："剧专的学风严谨扎实、质朴无华；学生以苦学闻名，求知欲极强，确属难能可贵。"这里重点褒扬学子的优点，未从治学和教员的教学理念、个人修养和敬业来叙及。余上沅先生是典型的中国正直知识分子的精英，怀着振兴中华戏剧事业的理想，极重视教学质量，除他自己亲任表演主课外，还聘请了当时著名的艺术家任教，堪称一流。仅第一届先后执教的就有：应云卫先生是第一任教务长，署理全面教学并主持排练和化妆课；万家宝（曹禺）主授编剧和剧本选读，也给学生排练；留学美国专攻戏剧的陈治策，主持基本训练，后为第二任教务长；马彦祥是戏剧大家，洪深教授的得意门生，主讲戏剧概论；王家齐先生为表演教师；吴梅教中国戏曲史；语文教授是储安平，他除教课外，还主持了《中央日报》的"文艺周刊"；甚至还有外国专家海伊迪，教舞蹈课。

此外余校长还极重视学生的文化素养和艺术修养，多方延请名儒专题讲授，以扩展学生的思想深度和广度。记得来校的专家有谢寿康（古希腊戏剧）、梁实秋（莎士比亚专题）、赵元任（语音学）、徐悲鸿（国画艺术）、毛秋白（欧洲文艺思潮）、萧孝嵘（心理学综述）、郎醒石（社会科学概论）、田汉、洪深等。

“木铎”和“精诚立达”

值得一叙的是，就在这所简陋的国立戏剧学校校舍里，1935—1949 年十四年中，先后培养出千余名进步的戏剧工作者，在抗日战争、解放战争中发挥了不小的作用。直至解放后，学员中有不少成为星光熠熠的知名艺术家和剧院、刊物，乃至全国戏剧家协会的领导，也有海外、港台的戏剧专家、教授。

剧校单从教学论及，由于时代的局限，肯定存在许多问题，如不够系统完整、受唯美主义影响等等，但仍可给当今蓬勃发展的影剧艺术教育一些启发和借鉴。

剧校教学绝非不正规，余校长就学于美国，后又详细考察了欧洲和苏联的戏剧学府，但他结合中国的文化，并从当时的状况出发，形成了独特的教学体系。

首先，他强调学生掌握“艺术之真谛”，这在他亲自为剧校定的“校徽”和“校训”中表达得很明确。那个时期，大中小学的校训，均为蒋介石手书的“礼义廉耻”，可见“一个领袖、一个主义”的压力有多大。余校长则拒不同流，独树一帜，校训为“精诚立达”，并特地从南京夫子庙“虞世南庙堂碑文”中拓出。“精诚”取义于《庄子·渔父篇》：“不精不诚，不能动人。”他认为这是演员的“艺术智能”，也即“秉性”；“立达”取义于《论语·雍也篇》：“已欲立而立人，已欲达而达人”、“学戏先学做人”，本是我国戏曲界设科收徒的首要。校旗和校徽的三种颜色“白黄蓝”，分别代表“真善美”。

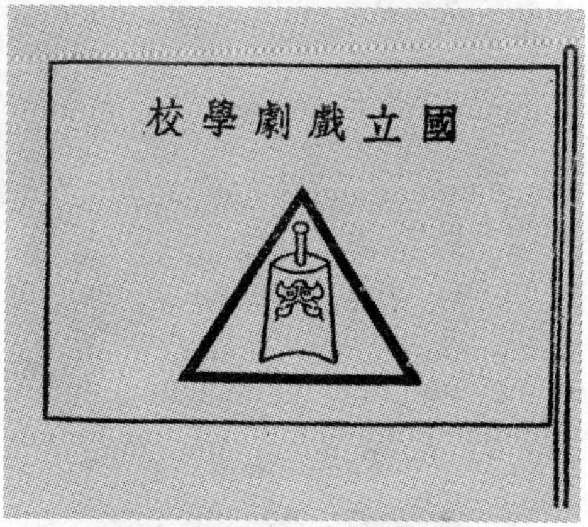

“国立剧校”的校旗。中间校徽的图案，为古代醒世警人的“木铎”

校徽的图案为“木铎”，古称为

“金口木舌”，即“以金为铃，以木为舌，振摇则出声。”这可是古代传道、醒世的号令之宝器，《论语·八佾篇》甚至将其提高到“天将以夫子为木铎”。剧校以此为徽识，象征着莘莘学子须牢记“施教警世”之社会责任艰巨。

启发为主，独立思考，兼容并蓄，是剧校教学的又一特色。虽然余先生有自己的学术主张，但他绝不囿于一得之见，不但有欧美体系不同流派，更进而广邀诚聘不同体系的学者主讲。只要有真才实学，教学效果明显，学生欢迎，讲授方法可由教师自定。来校的教授确实学识渊博，有的老师结合排戏，一出戏就讲一学期，从戏的主题、人物、对白、编剧技巧，直到舞美设计、人物化妆造型，乃至各流派大师对这个戏的不同阐释和处理等，确实内容充实、丰富，一个学期都很紧张。万家宝先生的名剧选读课极受欢迎，几十年后仍活跃在记忆中，他从不老八股地分析剧本，而是以朗诵剧本的方式，带动提高学生的艺术感觉。

剧校另一基本思想是“教、学、做合一”，理论与实践并重，在掌握基本技巧和元素的基础上，极为重视学生的实用才能锻炼。我们的教授的另一重要特点是都有丰富的实践经验。应云卫先生曾导演了名片《桃李劫》，其“毕业歌”唱遍大江南北；时二十余岁的曹禺先生的《日出》、《雷雨》震动了社会。他们自己能编、能演、会导，甚至会舞美设计，还会舞台装置，我们真是有幸遇到这样的恩师，受益匪浅。

新入学的学生可以排戏么？对这个问题多持否定的态度。然而，我们

1936 年，剧校学生演出曹禺亲自导演的《日出》。严恭饰李石清（右）

就在进行基本训练不久即开始排练独幕剧，有《回家以后》——马彦祥编剧、导演；《兵变》——余上沅编剧、王家齐导演；《赵阎王》——洪深编剧、马彦祥导演，接着就边上基础训练课边排演了陈治策根据俄国作家果戈理名剧《观察员的到来》改编的《钦差大臣》(由余上沅亲自执导)、《狄四娘》等。继而结合表、导课排演了曹禺先生亲自导演的多幕戏《日出》，应先生排演的《东北之家》和《走私》、多幕戏《怒吼吧，中国》，马彦祥先生导演的《说谎者》、《青龙潭》，王家齐先生导演的《上太太们那儿去》，还有《汉宫秋》、《国民公敌》等名剧，并在附近香铺营"公余联欢社"小剧场进行了七八次公演。

剧校甚至鼓励学生自编、自导、自演短剧，共约十余出。记得的有凌颂强(凌子风)的《狱》，艺术处理很独特。我则自编自导了《开演之前》，真是很好的锻炼。剧校还要求每个学生都参加刻蜡板、印剧本、做道具、布景，并参加演出置景、剧务的工作，二年级就进一步到镇江等地去流动演出。这些教学措施成效显著，使每个人都是实用人才，并为我们毕业后迅速成长打下了良好的基础。

还应该提到的是，田汉先生从上海被捕押解到南京，关押在夫子庙瞻园路的国民党宪兵司令部，后经徐悲鸿、宗白华诸君子搭救出狱，软禁在南京。我曾演过田先生的《江村小景》等戏，但并未直接见过他。1936 年春，剧校大胆地请田先生来校演讲，当时，田先生由两个便衣特务以"陪同"的名义，押解监视。田先生穿件旧棉袍，围着长围巾，演讲的题目是"国难戏剧"。他镇定自若，充满爱国的激情，但很少看听讲的学生。这是我初次目睹先生的风采，在我的记忆深处永远铭记。

只差一个月

我在剧校最严重的就是"生存"问题。丢却了"资源委员会"的统计工作,家中失去了主要的生活支柱,为此年迈的父亲勃然大怒,几乎断绝关系。我理解他们,却执迷不悟。只是绝不能再向家里伸手,只有自谋生路了。我首先走的是历代文人的老路——卖字,但只是给别人抄文赎,也给报纸写剧评,甚至去学原始人"渔猎果腹"。凌子风曾送我一幅画,上面题着:"忆当年,后湖州采莲摸虾……"即是写照。他也是没有生活来源的穷学生。到现在,我也记不起来当时都是怎么"混"过来的,但大约是天性,我仍是乐观的。

在剧校,成绩优秀的学生几乎都是倾向进步的,至少不满意现实。这得力于剧校领导的办学方针。当然国立剧校既然是官办的,就有一部分特别名额,从各省党部选派了特务学生渗入。但是,这些小走狗跟他们的主子一样,太没本事了,记得班上一个什么"CC",还是什么"军统、中统"的学生,只能让他"演"一棵树,结果还紧张得连树叶子都"抖"下来。特务学生也害怕毕不了业,向主子交不了账,于是一方面监视我们,搞反动活动;另一方面又讨好我们,乞求帮助,形成这么一个"正喜剧"的局面。他们每个月都到党部去领津贴,所以身份想瞒也瞒不住,都是公开的。那时候我们年轻气盛,也不注意策略,有时出怪招,尽情耍笑他们,有时逼他们拿出

"剧校"穷同学凌子风赠画,描述"忆当年,后湖州采莲摸虾……"果腹的情景,一直保存至今

党部津贴来请客。

我党更是紧紧抓住剧校这块阵地，团结广大师生，坚持上演进步戏剧，在演出中发挥骨干作用。党在剧校的领导是年轻教师石蕴华，他原是余先生在北大教课时的得意高足，后又成为余先生创办的“北平小剧院”的骨干。余先生决定当校长时，首先想到的就是请石蕴华来任事务主任。剧校所以能两个多月就从无到正式开学，他是大功臣。后来他又机智地当上剧校“训导委员会”秘书，掌握了反动派对学生镇压的重要机密。解放后我们才知道，他早就参加了共产党，在剧校时就秘密担任党领导的群众性抗日组织——南京“救国会”常委。被张道藩怀疑离开剧校后，仍领导南京的文化斗争，任“小剧场”支部书记。1939 年他调入新四军，作保卫工作。解放后，他任上海市公安局局长，改名为杨帆。但就是这样一位忠心耿耿的好同志，1955 年被枉判为“潘、杨叛党集团”的主犯，直到“文革”后才得以平反昭雪，余校长也为此受牵连关押了近两年。

“剧校”学生在街头演出抗战活报剧

在剧校，石蕴华直接带领师生参加抗日救亡演剧活动，在假期中，深入农村、厂矿第一线演出。他和我们几个学生经常在一起学习有关辩证唯物主义论等马列主义理论和进步书籍；讨论时事，启发我们爱国的革命热情，不露痕迹地讲解党的方针，并带领我们参加党领导的“救国会”、“冬令讲学会”等活动。在他的引领下，我们自发地演出了抗日戏剧《东北之家》。据我知道，剧校还有他领导的其他几个组在分别活动。

我入剧校本来就是“左翼剧联南京分盟”的一个战略部署，当时“分盟”的活动虽转入地下，但仍越做越炽热。虽然不能用磨风艺社的名义，但以“打游击”的方式，与学校甚至与“基督教青年会”等单位、协会的业余演剧社合作，排抗日的小戏。更进一步的是，我们开始深入工厂、农村，并注意到如何让工人、农民看懂的问题。这些工作以吕复、王逸、舒强、许之乔等为主，我则主要负责剧校这一部分工作，将进步同学组织起来，在假期里秘密集合

“剧校”学生示威游行，与阻挡的国民党军警冲突

过去演戏认识的朋友和凌子风等同学，在夫子庙我家里排戏。然后，和“分盟”会合到江浦、乌江、和县、燕子矶等偏远农村，演出《秋阳》、《丰收》等抗日小戏。就在这些地方，我们首演了著名的抗日经典剧目《三江好》，这是吕复、王逸、舒强、许之乔根据爱尔兰独幕剧《月亮上升》改编的。在反映现实的活报剧中，剧校的同学何德璋（何兆玲）演的地主婆入木三分，甚至被农民往台上丢石块，取得了很好的效果。我还和许之乔及几个剧校的同学，在《扶轮日报》上开办影评周刊，并坚持了相当一个时期。

剧校的革命活动蓬勃发展，有一天，学校的公布栏里贴出了我党揭露国民党反共反人民的罪行，号召一致抗日的“八一宣言”，引起极大震动。石老师悄悄通知我：“反动派要动手了！”果然，第二天，宪兵突然闯进学校，张道藩学蒋介石的样子，披黑斗篷，戴白手套，蹬着马靴，气势汹汹地将全校师生集中训话。同时带来一批特务，以“巡视员”的身份，进行全校突击大搜查。我是第一宿舍舍长，已经把文件和进步书刊进行了转移隐蔽。在石老师的周密布置下，全校竟然除了情书、情人照片什么也没搜查出来，张道藩碰了一鼻子灰。

搜查完毕，学生回到房间，女生宿舍在二楼，她们看到窗下围墙外布满了宪兵，一片刺刀戳向窗口，又气又怕，平时只钟爱口红、高跟鞋的女孩子，不禁号啕大哭，惊动了周围百姓观看。结果反动派没搜到什么，还使单纯的学生更加认清了其狰狞面目，提高了觉悟。

但是斗争更加尖锐化，白色恐怖日益加重。特务学生们露出狰狞面目，在学校里公开显示自己的手枪，定期汇报学生中“赤色分子”的情况，并从中领赏。我和凌子风等倾向进步的学生以“好朋友”的方式组成的小组，被戏称“十兄弟”，因为我年纪最大（其实只有二十一岁），有过演剧实践，业务较好，被称为“老大”。一天，石先生紧急通知我：我组织同学读进步书籍和演抗日戏的活动，已被特务密报，随时可能被捕（解放后，从同班的特务学生档案中印证了这个情况）。“分盟”认为我已很好地完成了组织的任务，应立即隐蔽。

此时，我正在排练毕业公演的剧目。正好，章泯和陈鲤庭两位先生专程从上海来，调吕复、舒强和我立即去上海，参加刚成立的“上海业余剧人协会”。这是组织决定，我愉快地服从了。于是，我决定自编自演在剧校的“最后一幕”——什么个人生活用品也不动，造成临时外出的假象，悄悄潜往上海。此时，离毕业公演尚有月余，离开就意味着拿不到毕业证书，但我心中却没有丝毫的惋惜和犹豫。

上海业余剧人协会

左翼剧联1930年8月正式成立，于1931年春由“左翼剧团联盟”改组为“左翼戏剧家联盟”，到1935年6月，五年半的时间，在党的领导下，取得了极大的成绩。政治上，在祖国的大江南北，城市、工厂、农村宣传动员蓬勃炽热，给社会以强烈的震撼，并在日夜缀演、多种艺术形式的实践中，从“游击”化妆宣传队，成长扩大为正规剧场作战的主力军；艺术上，也达到日趋成熟，甚至可以与国际艺术水准媲美，真正形成了革命斗争中白区文化战场上的一支主力军，一支无愧于时代和民族使命的重要力量。

随着形势的不断发展，党提出了反对不正确的倾向，加强统一战线的指示，要求文化运动更加深入和扩大。前一阶段秘密工作的形式已不符合斗争需要，公开化、合法化是必然趋势，而艺术造诣的升华、社会要求的提高，使戏剧运动进入了“剧场艺术”的时期。从另一角度看，国民党反动派为争夺阵地，也动员了一切力量，投入了大量的资金，包括成立剧团、戏剧学校和加强剧场演出，我们不能让出这重要的阵地，必须与之针锋相对地斗争。

1936年初，左翼戏剧家联盟公开宣布解散，我党随即成立了中国历史

1980年在上海召开的左翼戏剧家联盟纪念会。后排右四为严恭

上第一个大规模职业话剧集团——上海业余剧人协会。使用“集团”是名符其实的，党的“文委”以原“剧联”上海“总盟”为主体，迅速调集了各分盟艺高心红的骨干，可以说是“剧联”五年半成就的展示，是“普罗剧运”人才的大会师，标志着“革命剧运”进入了职业化剧场艺术阶段，在中国戏剧史上也有着里程碑的意义。我于 1936 年夏，正式调入上海业余剧人协会。

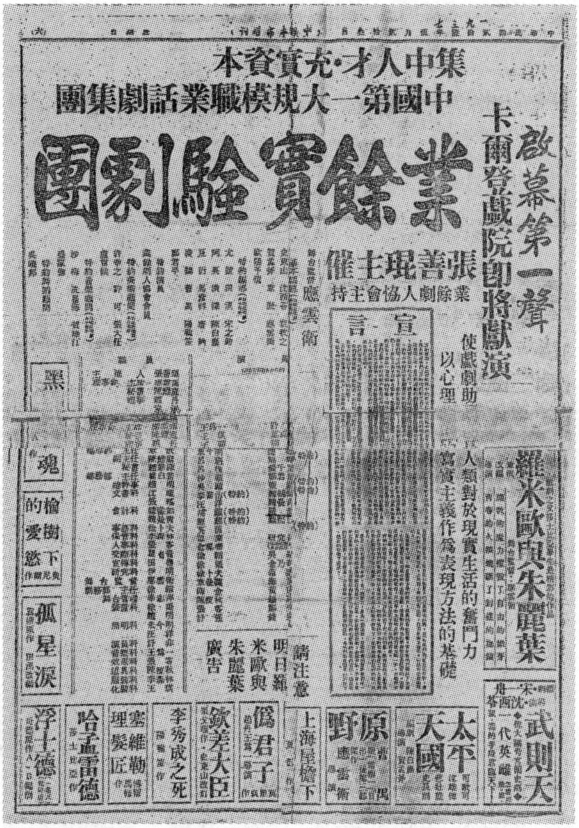
集中人才·充實資本
中國第一大規模職業話劇集團
業餘實驗劇團
張善琨主催
業餘劇人協會主持
啟幕第一聲
卡爾登戲院即將獻演
宣言
羅米歐與朱麗葉
明日羅米歐與朱麗葉廣告 請注意
武則天
太平天國
原野
上海屋檐下
偽君子
欽差大臣
李秀成之死
塞維勒理髮匠
哈孟雷德
浮士德
孤星淚

1936 年上海业余实验剧团在《申报》发表的成立宣言

1937 年 4 月，上海业余剧人协会得到新华电影公司老板张善琨的投资，成立了中国业余实验剧团。5 月 23 日，实验剧团正式在上海《申报》用整版发表了宣言，刊登了演出广告，引起社会广泛关注。“宣言”明确提出：好的戏剧不应该是单纯的感官刺激，而应该是反映时代前进的要求；不应该是霎那间的，而应该是灵魂的铭刻；不仅是娱乐观众，而应助长观众对现实生活的渗透力。艺术上，“宣言”强调：注重感情的魅力，由艺术家从生活中汲取灌注到感情中，遵循现实主义的创作方法。

剧团理事会由理事长应云卫（兼舞台总监）、理事徐韬等人组成，基本编导为：史东山、沈西苓、袁牧之、贺孟斧、章泯、应云卫、欧阳予倩、万籁天、孙师毅。特约编导有：田汉、夏衍、洪深、尤竞（于伶）、宋之的、阿英、陈白尘、马彦祥、唐纳、曹禺、阳翰笙、郑群、石凌鹤。冼星海、沙梅、贺绿汀、盛家伦为特约音乐顾问。演员有赵丹、郑君里、金山、顾而已、刘琼、俞佩姗、舒绣文、魏鹤龄、舒强、吕复、沙蒙、严恭、王为一、王莹、赵慧深、陶洁、干苹、叶露茜、顾宛平、赵曙等四十余人，舞台美术有许幸之等；特约舞蹈顾问吴晓邦。阵容强大、实力雄厚，几乎包括了所有当时著名的影剧艺术家，真可谓星光熠熠、人才济济。张善琨租下淮海路的卡尔登大戏院（即今长江影剧院），日夜两场，全部收入归他所有，剧团演职员由他发工资，并在茂名路租了一栋小楼房，作为剧团社址和宿舍。

剧团的"青鸟"徽记，醒目地缀在大幕上。甫一成立，就积极排练。第一个剧目是莎士比亚的《罗密欧与朱丽叶》，于 1937 年 6 月公演，由章泯导演。他在导演阐述中确定主题为：礼教的势力，扼杀了爱情的嫩芽；青春的火焰，烧掉了封建的枷锁。为凸现主题，他把全剧结尾放在古墓中，罗密欧自杀倒在朱丽叶身旁，删去了两个大家族放弃世仇而和好的情节，增强了艺术感染力。全剧优美动人，男女主角分别由赵丹和俞佩姗扮演，我在剧中扮演罗密欧的情敌鲍里斯。此剧公演时，每日两场，场场客满，引起了戏剧电影界的关注；第二个剧目是旧俄作家奥斯特洛夫斯基的《大雷雨》，于 1936 年底演出。章泯导演，赵丹饰奇虹，郑君里演鲍里斯；第三出戏是沈西苓导演、宋之的编剧的《武则天》，正像剧作者"前言"中自叙的：本剧描写了在封建社会里，一个女性的呐喊和挣扎。英茵扮演武则天，极为成功，我饰演武承嗣。这个戏连续演出十多天，观众始终踊跃；第四出戏是陈白尘编剧的《太平天国》，根据现实的需要，重新诠释历史，塑造了洪秀全、李秀成等形象，我饰演北王韦昌辉。戏的主题是强调团结、抗敌。此剧演出在"七七事变"后，正是群情激愤的时期，剧场自然出现了高昂的气氛，演员在舞台上与观众心心相印，贯穿着共同的要求抗战的呼声。导演是贺孟斧，他采取了风格化的舞台处理，博得了观众的好评。还应该说的是这几出戏都由贺绿汀、冼星海、盛家伦作曲，并由盛家伦为首的小型乐队伴奏，开启了话剧演出现场配乐的先河。

最后一出戏是曹禺先生的《原野》，描述了军阀混战时期，北方农村各阶层人物之间的强烈冲突、感情纠葛以及悲惨的命运。此剧是全国首演，反响极为热烈，导演是应云卫先生，他最擅长营造舞台气氛。应先生让我专程回南京，请曹禺先生到上海看彩排。演员阵容很强，舒绣文饰金子，她演绎的与恶婆婆的斗争令人惊心动魄；王苹饰演的恶婆婆——瞎眼老夫人，也是针锋相对，相得益彰；赵曙饰演的仇虎，亦是虎气十足。

《原野》原定演出月余，不料刚演七天，因闵行"八一三抗战"爆发，而不得不中止。党的"文委"立即将上海左翼戏剧艺术工作者，组成十三支上海救亡演剧队，从此，开辟了我国戏剧运动的新时期，我和同志们义无反顾地投入了救亡演剧的洪流。

抗日烽火中的歌声

1937年，日寇悍然发动“七七卢沟桥事变”，炮轰宛平城。我党当即发表“七八宣言”，抗日战争全面爆发。上海文化界群情激奋，原左翼剧联的同志们更是热血沸腾，纷纷要求上前线和敌人战斗。“文委”早在1936年底“西安事变”后，即筹建上海文化界救亡协会，并着手筹备、组建救亡演剧队。因为夏衍已担任《救亡日报》总编辑，所以具体工作由原剧联党团书记于伶同志负责。到1937年夏，由郭沫若、夏衍、田汉、于伶同志领导正式成立了上海文化界救亡协会。

1937年8月13日，上海闵行“八一三抗战”再次激起大家的抗日热情。仅仅两天之后，8月15日，在上海卡尔登剧院，两百多名左翼和进步剧人集会。就在尚未及拆除的《原野》布景前，于伶、田汉、洪深先生激动、庄严地宣布：上海救亡演剧队成立！将上海所有进步的戏剧力量和“民主同盟”的前身——“救国会”的爱国青年，组成十三支上海救亡演剧队，并当场授旗。我有幸亲临了这历史的场面，那激动人心的景象，至今历历在目。中国戏剧运动进入了“救亡演剧”的阶段。

由宋之的、马彦祥任队长的一队，赴西北后，部分人去了后方，另一部分人由王震之、崔嵬带领去延安参加了“鲁艺”；二队由洪深、金山带领，最后去了武汉；五队亦由左明带入延安；十队、十二队由辛汉文、于伶领导，坚持在“孤岛”工作；六、七、十三队，在苏北、浙北嘉兴、湖州活动，极短时间就解散了；唯第三、四、八、十一队长期深入前线，在1938年到武汉归属“三厅”后，成为新整编的十个演剧队的骨干，并在整个抗战期间艰苦地战斗在敌后。三、四两队是上海业余实验剧团改编的，感觉上还是一个队，总队长是应云卫，三队队长是郑君里、徐韬，四队队长是陈鲤庭和瞿白音。我分到四队，同队的有吕复、舒强、李琳（孙维世）、许之乔、赵明、汪洋、水华、张客、田鲁、范莱，包括勤务共二十余人。

8月底，夏末秋初，日寇大举入侵的趋势迫在眉睫，三、四两队奉命出发。我们在苏州河边的小码头上了木帆船，此时还是“秋老虎”发威的节令，

1937年8月底，上海救亡演剧四队从上海去无锡前在苏州河码头合影。一排：孙维世（左四）、赵慧琛（左五）、吴衡（左六）、吴湄（左八）、英茵（左九）、范莱（左十）。二排：钱千里（左四）、汪洋（左七）、田鲁（左八）、瞿白音（左九）、李森林（左十）、陈鲤庭（左十一）、魏鹤龄（左十二）、吕复（左十三）。三排：严恭（左五）、赵明（左六）、郑岩（左七）、舒强（左八）、陶金（左九）。

每个人只穿条工装裤，脖子上围条随时擦汗、洗脸的毛巾，前胸口袋里插把牙刷，所有的衣服、书、照片都没带。没想到，这一去竟是历时九年，由1937年夏末，直到1946年秋，经过枪林弹雨，风餐露宿，颠沛流离，我们以戏剧为武器，日夜奋战，在党的领导下，和全国人民一起迎来了抗战的胜利方返回上海。

演剧队的船直航苏州，后到无锡、镇江一线，在周边村镇演出月余，演出场所遍及庙台、广场、平坝。中国戏剧在这一阶段的艺术形式也有了相应的变化，由上海大舞台的演出，发展出“广场戏”、“街头戏”，著名的《三江好》、《最后一计》、《放下你的鞭子》，统称“好、一记（计）、鞭子”就是典型。同时，根据中共中央军委副主席周恩来的指示：“演剧是你们的主要工作，但不是唯一的工作，要用多种形式进行宣传。”我们增加了歌咏，如《歌唱八百壮士》、《游击队之歌》、《义勇军进行曲》、《毕业歌》等。事实证明，这真是英明的指示，在那激扬的时代情绪中，心灵的呐喊、斗争的怒吼、激愤的抗争和控诉，都自然而然地汇成震撼的歌声，这是那个民族危亡时代的必然，出现了至今听起来还使人热血沸腾的优秀曲目，也产生了一批著名的革命音乐家。

艺术和艺术家就是这样诞生、成长并创造辉煌的嘛！演剧、歌咏相结合，很受广大观众的欢迎。由于戏剧的现实意义强，演员富有激情，我们的演技亦比过去成熟多了，效果可以用“强烈”来形容。不论现在如何从纯学术的角度评价当时戏剧艺术的水准和成就，不可否认的是——当时的戏剧发挥了最大的社会能动性，亦有极强的感染力，可以说是那个时代感染力和影响力最高的艺术形式，这是我国戏剧艺术的光荣！作为参与的一员，我们深感自豪。

我们和三队时分时合，交叉演出，把沪宁线的抗日动员搞得热火朝天。由于在“国府”南京附近，影响又较大，引起了国民党当局的注意。但他们没有自己的剧团，约十月初，国民政府军事委员会政训处派王瑞麟上校来镇江与两队会谈，希望能合作成为军委会的剧团。

这立即引起了演剧队内部“在朝”还是“在野”的激烈争论。演剧队的情况是从建立起就没有任何部门拨款，生活费自理，演出活动费用也是自筹的。10月中旬，节令转冷，队员都没有带御寒的冬装，本来就不多的生活资金，也都用得所剩无几，眼看生存都成了问题，但和“政府”合作，每个人打心底里就不愿意。为此，应云卫先生冒着炮火，赶回上海，向郭沫若、夏衍请示。“文委”根据党中央在抗日时期的方针政策——《抗日救国十大纲领》的精神，认为演剧队可以和国民党的政治宣传部门“有条件”地合作。“有条件”很重要，即不反共，坚持抗日，人事自主，演抗日戏，唱抗日歌。这些绝不动摇。但夏公仍尊重大家的意见，不强迫命令，他指示：这个重要的决定，要由全体队员民主讨论。因此，三、四两队队员都集中到镇江，进行民主讨论，投票决定。有许多同志转不过弯子，表决最后以微弱多数通过“有条件地在朝”。

长江边上赤子情

国民党"政训处"无前提地接受了演剧队的合作条件。三、四两队即赴南京,改编为国民政府军事委员会政训处抗敌剧团。新编制中,应云卫任团长,瞿白音、郑君里任副团长。为领军饷计,团长为上校衔,副团长为中校,业务骨干均为少校衔。但对内,则是实验剧团的老规矩——平均主义,无论谁都是二十五元生活费。整编结束后,抗敌剧团就要开赴真正的前线。

出发前,我回到夫子庙老家。当时,日军大部队已从长江口登陆,沪宁线多处燃起战火,日舰也已开到南京附近,并派飞机频繁轰炸,政府机关大多撤退,人人自危。我家中还有年迈的父母、年幼的弟妹,父母泪眼相望,恳望我这个长子留下,挑起担子,照顾一家到六合等处逃难。"父母在,子远游",这是老传统认为不孝的,更况且是面临战乱,但我强忍住眼泪,尽力作

1937 年上海救亡演剧四队在镇江,三排左三为严恭;二排左二为石联星,左六为瞿白音;一排左三为范莱

了安置，坚定地奔向抗日前线。

抗敌剧团成立后，新吸收了镇江的石炎，他是我在南京电报局时的好友，一直积极参加左翼剧联南京分盟的活动；还有南京的熊焰，不久她就和舒强结为伴侣。抗敌剧团在南京只进行了一次演出，是新编排的《我的故乡》，这个戏好像是为南京分盟的伙伴们写的。故乡，我生活了二十几年的故乡，我的亲人！为了民族解放，我们不得不离开你。

在敌机的狂轰滥炸声中，全团由南京下关乘火车到芜湖。从此我们就沿着母亲河长江，以我们自己的演艺武器，顶着日寇进犯，顽强地在烽火前线的地区进行救亡抗战的宣传动员。

在芜湖，主要是给市民和学生演出，因为刚与政训处订立了合作条件，所以大家都把演抗日戏、唱抗日歌更为强调，芜湖的上空回响着《工农兵学商一起来救亡》、《牺牲已到了最后的关头》、《大刀进行曲》的歌声。

印象至深的是，我们在芜湖与平津学生流亡宣传团相遇，虽素不相识，但那一天，在餐厅里，不知是谁唱起了："我的家在东北松花江上……"于是两个团的人齐声高唱"流亡三部曲"，曲未竟，大家热泪霖涕，相拥而泣……这是我们赤子的情怀。

芜湖演毕，乘木船溯江而上赴安庆，逆水舟不行，男队员跳上岸拉起纤绳，女队员在船上高歌鼓劲，江畔、船上人们的心里涌动着胜似兄妹的感情暖流，这就是我们的生活……

在安庆是慰问二十军的官兵，剧目仍坚持不变。随后到九江，那里有奇峰叠翠的庐山，市内还有太平军训练水军的内湖，名诗因景而生，景由千古绝句而扬，但我们无暇游览，正积极准备演出，却突接军委会指令：迅即到武汉集结，并已派出专轮。此时军委会已撤至武汉，虽不知是什么用意，但听说周恩来副主席已到武汉和郭沫若先生筹建"三厅"的消息，都很兴奋。第二日凌晨，全团兴致勃勃地从"好汉坡"攀登庐山，一路呼喝咏唱，游山观景，难得地休闲。傍晚下山，行李已装运上船，即登船向武汉进发。

亲人啊亲人

1938年初，船到武汉。登上岸，我们就像与母亲失散许久的孩子，也不管特务的监视，一头扑到八路军办事处接上组织关系，听从行动指示。“八办”兴奋而忙碌，因为第二次国共合作已形成，抗日民族统一战线已经建立，敬爱的周恩来副主席、邓大姐、董老（董必武）、叶剑英将军都来到武汉，而且要请郭沫若先生领衔主管文化的“三厅”，令人十分振奋。一年多压抑的状态一扫而空，因为我们见到了亲人。

我日夜思念的另一亲人们就是父母和弟妹。故乡南京已于1937年12月13日沦陷，日寇当日即开始震惊中外、惨绝人寰的大屠杀。一切消息都断绝了，深夜想起他们在大屠杀中的危境，常常泪湿枕被，你们怎么样了？我的亲人。

哪里想到，8月，在武汉却意外地见着了三弟。原来，在南京时任首都邮政局包裹处处长的大姐夫夏金瑞，带着全家赴重庆任职，一路上拖家带口，行李又多又重，于是在南京就商议让我的三弟跟着扛箱提包，正巧在武汉转船，于是三弟四处打听找到了我。看到他劳累的样子，我心中很难过。我这憨厚踏实的三弟，从小就跟着我在民众教育馆看排练和演出《放下你的鞭子》、《五奎桥》等话剧，跟着我学习《哲学讲话》和生活书店的进步书籍。特务来搜查，他竟然自己将书找地方隐藏起来。1932年“一·二八”淞沪抗战打响，才十三岁的他，瞒着家人去参加党领导的“爱国会”组织的大型宣传抗议活动。那天游行队伍遭到军警的残酷镇压，打伤、抓走了不少学生，他居然能坚持到底。长谈中，问明父母尚平安健康，在惨绝人寰的南京大屠杀中，全家逃避到六合乡下，弟妹也躲过了劫难，那真是惊心动魄的一段经历，我才松了口气，放下心来，又用更多的时间与三弟促膝谈心，了解到他的爱国热情和追求光明进步的强烈愿望。

我当时热切地想到革命圣地延安，直接参加党领导的战斗，痛痛快快地干一番。经过反复争取，终于从“八办”争取到一个名额，但向组织汇报申请时，却挨了批评。组织上传达周副主席的指示：要充分认识白区工作的重要

严正赴延安61年后，严恭与严正一家欢聚。左起：严正夫人张婷乙、严正、严恭、严正女儿陈媖、陈婷

性，毛主席都把我们几个人派到武汉来了，这里和延安一样是前线！申请的几个同志是骨干，都不能走！是的，周副主席都服从党中央的命令，来到国统区战斗，我们还有什么说的呢？

于是，我即请示“八办”，把给我去延安的名额让给了三弟，并依照我改的名字严恭，为他取名为“严正”，意即兄弟俩都“恭恭正正”。我用身上所有的钱给他购置了厚绒衣、绒裤等冬令必备用品。

当时特务监视“八办”很严密，特别是对我党组织青年进入延安的“枢纽站”——西安“八办”更严加防范。那时革命青年入延安，国民党设了三道封锁线：郑州、潼关、西安。公路、铁路都要检查，这对没出过门的严正更是威胁。

在组织的统筹安排下，加上我又找了许多战友、同事帮忙，1938年9月，严正跟着金山一起坐火车去西安，“三厅”为他办了给陕西的公文，严正将其作为护身符。其中夹着党的“长江局”介绍信。到了西安，严正依安排找到当时正为西北影业公司拍电影的导演瞿白音，他是我左翼剧联的老大哥，也是演剧队的队长，他毫不犹豫地答应帮忙，并设计好：先发给严正西北影业公司的证章，将严正进入摄制组“工作”，与特务们先混个脸熟。待有一天，在“八办”门口拍片时，乘特务和路人专心看当红女主角欧阳红缨的时候，严正在掩护下迅速进入“八办”。这一真实的“戏中戏”果然很顺利，几天后严正就穿上英武的八路军军装，臂戴120师标志，整队前往延安。

武汉分别时，我以这几年在复杂环境中斗争的体会，送给严正一句话：“无论怎么艰难困苦，都不要离开革命队伍，死也要跟共产党走！”严正几十年坚守这个原则，毫不动摇，从此踏上光明也是艰苦的革命路程。在延安，他塑造了中国舞台上第一个斯大林的光辉形象；为迎接革命新形势的到来，根据党中央的指示，他在枣园文工团首演苏联名剧《前线》，并饰演主人公欧格涅夫军长；特别是他与刘炽、王大化、张婷乙等同志首开具有历史意义的延安鲁艺“新秧歌运动”，均受到毛主席的好评。解放后，他又为创立我国民族戏剧表演教育体系呕心沥血，中央戏剧学院因之培养出一代又一代中国表演艺术明星。严正取得了很大成就，做出了应有的贡献，这是我一生最欣慰的。

妹妹宝珠

但另一件事却使我终生悔恨。当时在南京，还有我十六岁的妹妹宝珠和小弟弟陈维。宝珠妹聪慧美丽，作为女孩，在动荡的年代有更多的危险和走向社会的阻碍，所以始终被深藏家中。我没能下决心强行从家里把她带出来参加革命，后来，她竟然在十八岁花样年华，郁闷而逝，想起来，至今犹然痛悔。

抗敌声浪震云天

武汉，这“民国首义之都”，却又经“七一五清党”的腥风血雨，黯然了十多年。1938年的春天却是值得夸耀的。平津沪宁失陷，“保卫大武汉”的口号喊得震天价响，然而这不是“夸”的理由，真正使人热血澎湃的是整个三镇掀起的民众抗日热潮，这在过去是绝无仅有的！这一切得力于周恩来副主席坚持抗日统一战线，敢于、善于斗争；得力于郭沫若、田汉、洪深三位年轻的老前辈、老领导。

1938年春，党中央决定在抗战中心武汉成立中共中央“长江局”，负责长江沿岸诸省党的工作以及统一战线工作，周恩来同志为长江局负责人。国共合作的机构“国民政府军事委员会政治部”，也于同年2月1日在武汉成立，陈诚任部长，周恩来与第三党的黄琪翔任副部长。政治部主管文化宣传的是“三厅”，厅长由郭沫若担任，在恩来同志和郭老的坚持下，其处长科长几乎全部由左翼著名艺术家担任，当然，从另一方面说，国民党也挑不出国民认可的有真才实学的人才。“三厅”主任秘书阳翰笙，第六处（依照一、二、三厅各处的排列次序）掌管艺术宣传，处长为田汉。田汉又恳请著名学者、戏剧家洪深教授屈尊任第一科的科长，主管戏剧。

不久以前，上海演出夏衍的《都会的一角》，戏中有“东北是我们的”台词，就遭军警粗暴禁演，公开喊出“抗日”口号就会被逮捕，此时在武汉却可以大声呼喊。武汉的街道、广场树立着各救亡演剧队队旗，在卡车上，或者干脆在人群中，我们充满激情地演出抗日戏剧，高唱“民族已经到了危亡的关头！”、“大刀向鬼子们的头上砍去！”若还觉得不能尽意，就攀高讲演，大声呼喊，声泪俱下，直到声嘶力竭。于是，群众振臂高呼口号，三镇歌声如潮，此起彼伏；铁拳如浪，阵阵挥举。有一幅当时的木刻，画面上是无数的拳头高举如巨浪，正是那个时代的写照。晚上的火炬游行，几十万支火把，恰似民众爱国的颗颗红心，更是动人心魄，蔚为壮观，使我永生难忘。我们只是其中的一分子，但深为能投身爱国的洪流而自豪。

不久，遵照“八办”的指示，我团开赴大冶石灰窑、黄石岗矿区，作抗敌演

1938年，救亡演剧队在武汉街头宣传时万众一心的壮观场景

出。这里是中国著名的“汉冶萍”工矿基地，是产业工人集中的地方。我们主要是向工人进行抗日宣传，演出戏剧、歌咏，也给工人办夜校，教文化课，讲时事，排练抗日的文娱节目，并奉命发动资方筹建“抗敌后援会”。

这个阶段特别要说的是，我们有两点重要的变化：一是过去我们——其实包括当时全国戏剧运动演出的剧目，或从外国名剧改编，或主人公多为学生、市民层，这不啻是我们个人出身、生活经历所限。但在无产阶级革命、“普罗”文艺的思想教育下，我们已逐渐从理性到感性上对工农产生了感情。

这次深入工矿区结合当地工人的生活，瞿白音、赵明、我、徐韬、王为一编剧、导演了《齐心合力打东洋》(赵明执导)。这个戏比街头活报剧进了一层，更加戏剧化，语言、生活尽力去掉“小资腔”，有意识地贴近工人生活，也大胆采用了群众喜闻乐见的形式，因此演出效果很好。

另一点变化是，我们首次有意识地深入生活。除了到工人家聊天、与工人交朋友外，又专门深入煤矿，直至第六层作业面，看到了工人赤身露体，在简陋的条件下艰苦工作的情景。特别是出井时，电机出现故障(下井是乘电梯)，我们也和工人一样，攀登原始的矿井坑道，手脚并用，在黑暗中摸索爬攀。送风机停了，坑道中缺氧、闷热，每个人都亲身体会了那种“四面石头夹人肉”的危险和恐惧。上到地面时，我们都汗流浃背，满脸煤黑。而工人们却是每日在这恶劣、生命无保障的条件下谋生，收入却只微薄地仅够果腹。我们和他们的心更贴近了，也更了解革命的必然。

全团撤回武汉前，又指派瞿白音、沙蒙、水华、石炎和我留下，在石灰窑区帮助“孩子剧团”，这是周公的特别指示。这批孩子原是上海由党员主办的“临青学校”小学生歌咏队队员。“八一三”闸北燃起战火，他们随家长流落到难民收容所，仍决心坚持抗日宣传活动，党组织派人将他们组成“孩子剧团”，到处演出宣传。上海沦陷后，他们小小年纪坚决不作亡国奴，虽然大的不过十五六岁，小的才八九岁，却千里迢迢步行到武汉。周副主席、郭老都十分疼爱、关心这些孩子，为躲避国民党部收编，在周副主席安排下，孩子们机智地逃往石灰窑矿区。我们主要负责照顾孩子们的生活，保护他们的安全，业务上则教孩子们演戏、唱歌，给他们排演抗日小戏及陈荒煤的《打鬼子去》、章泯根据班塔·耶夫小说改编的《表》，这是一部儿童剧，而且描述流浪儿生活，很适合他们排练。我们还边教边干，带着孩子们做大冶矿区工人的抗战宣传工作。

在这期间，根据"八办"的指示，我们与平津学生流亡宣传团接触，帮助排练，合作演出，其中有我们在南京只演过三场的《我们的故乡》(章泯编剧)等戏，认识了一批思想进步(后来才知道，他们中有人的父亲居然是北京东安市场内有名的百年老字号"瑞芙祥"的老板)、热情向上，有艺术才华的青年，如查强麟(夏淳)、刁光覃、高重实等人，几个月后他们正式参加了演剧二队。

大约在1938年3月中旬，剧团又通知我去接受新的任务。

鸡公山上

1937年底，国民党在短时间内相继把北平、天津、上海几座重要的经济和文化古城拱手相让，甚至连国都南京也弃之不顾。于是，大批不愿做亡国奴的青年，从北、东沿京沪线、陇海路流亡至苏豫皖交界的重镇徐州。这一带号称“五省通衢”，历史上为兵家必争之地，划归国民党“第五战区”管辖，司令是桂系头领李宗仁。他看到可以扩大桂系势力，于是将这些青年组成“青年军团”。当时正是第二次国共合作时期，按照党的统一战线政策，党也极为重视青年军团的工作，动员组织平津学生流亡宣传团、上海歌咏队等团队，包括参加过“一二·九”学运的进步青年，和因道路阻隔未能去延安的革命骨干加入青年军团，并直接派中共党、团员在其中任职，积极发展民族解放先锋队和党团组织，与国民党顽固分子斗争。

因此，青年军团的学员毕业后，绝大部分骨干都参加了我新四军和党领导的游击队，甚至第五战区最后留下的精华——三个“政工大队”共三百多人中，最后有近三百人携带枪支、器材投往新四军。这在当时对晋鲁苏豫皖鄂的民众动员和抗日斗争，起了不小的作用。

青年军团分军事、政治等七个大队，1938年3月成立“艺术大队”，同时成立第五战区抗敌剧社，总负责人是万赖天，因为他曾在广西创办国防剧社，被视为桂系信得过的人。万籁天是我国早期话剧运动的佼佼者，我们在上海“业余剧团”也合作过。他请老同学章泯执教，章先生即向抗敌剧团要求急调沙蒙、水华和我去任教官和艺术指导员。

“艺术大队”约三百余青年，选在河南信阳鸡公山作为训练基地。鸡公山是中原有名的避暑胜地，远眺如高歌催人奋发起舞的雄鸡，葱郁的林木，碧绿欲滴，蜿蜒曲折的石板路，攀援而上。因为战乱，游客绝踪，路石苔痕斑斑，落花点点，别添情韵。山上有湖北军阀肖耀南的别墅，居然是几幢西式小楼，权充训练班的基地。此处无甚古迹，但一日偶然发现，山僻处小路旁，竟藏有一墓，碑刻为“韩公向方之墓”，此即山东军阀韩复榘之墓，不知何由在此，已被愤恨的群众毁损。韩复榘的确是个封建、独裁、胸无点墨的土军阀，就是他，使得日寇长驱直入齐鲁大地。而那个迫于民愤枪毙了他的蒋委员长，其实是幕后更大的罪人，蒋家王朝也逃脱不了那卖国军阀的下场，这墓大约是个预示。

“艺术大队”的学习安排得很紧凑，完全视为战斗的训练。学员几无表演基础，唯热情高涨，所以采取了边教边排练的办法。“好、一记(计)、鞭子”是每个学员“开蒙”的戏码，也是将来工作必演的剧目。从实践中学习，是我们演剧队熟悉的辅导方式，但趁此宝贵的机会，我亦向章泯先生系统深入地学习了表导演理论和最新介绍到中国的斯坦尼斯拉夫斯基体系，并尝试总结自己在剧校从诸师学习到演剧队两年多的实践经验，有颇丰的收益。

血与火的洗礼

1938年4月6日，著名的"台儿庄战役"取得很大胜利，史称"台儿庄大捷"。

艺术大队奉五战区司令部之命，令我负责组建两个战地演出队，每队三十余人，我任总指导员，领队急赴台儿庄前线慰问宣传。

出发前，5月4日，恰逢"三厅"艺术处处长田汉和戏剧科科长洪深先生来视察，田汉以少将处长的身份更显神采奕奕，豪气倍增。两人为学员队亲授"战地演出队"队旗，并充满激情地讲了话，极大地鼓舞了青年们的士气。下午看戏后，又与学员席地聚餐，田老唱了一曲京剧名段"天霸拜山"，谦虚地说自己就是来"拜山"的，以此曲壮行色。我们在鼓噪喝彩声中笑了——田汉从来都是这么谦和近人、诙谐幽默的。

5月6日，我领队整装从柳林乘火车出发，学员们的热情如火山熔岩，炽烈、沸腾，晚上还在车厢里自发地演出节目，开了一场别致的联欢会。第二天，在临时停车时，旁边的一股道上停的是满载刚从前线下来的西北军的军列，学员们欢呼起来。我立刻组织大家，拉开闷罐车大铁门，以车厢为舞台演起慰问节目，高潮时，《大刀进行曲》(西北军的大刀队在前线使日寇胆寒)在两列火车中同时回响，震撼人心。

台徐保卫战前夕，青年军团艺术大队在徐州街头演出活报剧

列车走走停停，直至5月9日深夜，方抵徐州。出站入城，迎面而来的却是心悸的紧张。路无灯，户无火，月光投下岗哨林立的影子，一片寂静。只有不断喝响的口令声，伴随我

们列队行进的脚步。我们驻营在县民众教育馆，我仔细观察了一下，此处原是城隍庙，相当有规模，至少是“市一级”的总城隍爷府衙，尚存一座古戏台，正好可以排练演出。

第二日清晨，我即向战区长官司令部报到，得到的指令却是：宣传队原地待命，等候通知去慰问的地点。回队后，我考虑不可坐等，于是一方面排练节目，一方面组织学员在城内分点宣传，筹集市民、商家和机关的慰问品，一天下来也很紧张。路上，偶遇“抗敌剧团”战友，方知他们由徐韬、瞿白音带队，亦奉“三厅”之命来慰问。见到“娘家人”，虽只分别月余，但分外亲切，遂带学员前往探望、学习。就这样在徐州住了近一周，我虽数次去催问，均告知：演出地点未定。

5 月 16 日，正在大庙组织排练时，空袭警报骤响，分外急促凄厉，果然敌机轰炸、扫射，一批又一批，比往日疯狂数倍，我急忙推拉这些孩子们到戏台下、大殿的角落躲避。突然，大庙被日机俯冲扫射，庙殿中了炸弹，我心都揪紧，不等火灭即冲进冒着浓烟的瓦砾中，所幸无人在内。直至中午，我们突接命令：携装即赴“西关”集结。原以为是去部队慰问，哪知道从此开始了“徐州突围”血与火的历程。

原来日寇为报复，早已从四面形成对“徐（州）台（儿庄）”包围之势，16 日，从黄口车站截断陇海路，妄图全歼徐州地区我数十万军队，从此日起，徐州突围战正式打响了。

这严重的局势我们全然不知，亦无任何战斗经验，只发现到了西关竟然无人联络，唯有军队仓惶四处跑动，老百姓就更是慌乱。我只得带着学员跟着一支部队跑，不觉已跑了半天一夜，发现仍在徐州城郊转圈。此时更加混乱，我急了：这些孩子（其实也就比我小四五岁）是交给我的，必须保证他们的安全，我决心一定要找到最高长官！我拉了队里的广西籍联络副官钱亦梅四处打探，费了许多周折，终于在徐州南面一个小村庄找到了“第五战区司令部”。司令长官李宗仁、白崇禧正在吃午饭，许多绿色军用铁皮箱子都码放在屋外，明显地，司令部即将转移。我不顾卫兵的阻拦，直接闯到总司令李宗仁的屋子里，向他汇报了情况，请示艺术大队的去向。他边吃边听，最后只简单地叫我们火速随部队撤退，即转身办公。他的下属没具体安排我们所属的部队、联系方式等，我毫无战斗经验，不明白这些多么重要，只是带队随着大部队撤退。国民党军队溃退时的混乱是不可想象的，争路抢道，建制亦打乱，很快二队由另一队长带领走散了，我只得跑前跑后尽力拢住一队。此时，离徐州沦陷（19 号失守）还有一天多，战斗更加残酷。

我们尾随一支部队，从徐州南部向东南方向撤退，夜宿睢宁近郊。第二天转向西，一路急行军，傍晚抵曹村、三铺之间潜伏，准备夜深由东向西穿越津浦铁路。是夜半，部队开始行动，我们尾随其后，正当要越过时，铁路上闪过日军装甲车的灯光，响起急促的机枪声。我急忙催大家快冲，拉起体弱的女学员咬牙向前疾跑，穿过了铁路，扑入路边的麦地里，耳膜里震响着枪声，头顶、身边感到枪弹嗖嗖掠过的凉气，带着死亡的气味。稍顷，抬头一看，部队早已隐入黑暗中，只恍惚看到一点影子，紧张之中又催大家快跑，直到晨曦初现才停下来。孩子们早已瘫在路边，但部队已不知去向。惊恐之中，我还没来得及庆幸学员平安越过津浦路，一清点人数，即发现有近十人丢失，其中包括最可爱的年仅十六岁的姚北桦。我的心一下子揪紧了，自责懊恼万分，又不知道此处是否已成敌占区，只得将大家隐蔽在麦田深处，我带几人冒险返身寻找，但半日仍不见踪影，又惦记那二十多人，真是欲哭无泪。问过一些难民得知，日军已占领城镇，只是农村一时还建不了政权，但不时各处扫荡，搜捕我军。

此时，我们听到不知何处传来阵阵机枪的扫射声、"咣咣"的六〇炮声，在毫无战斗经验的我们听来，似乎四面都是敌人，于是一动也不敢动，到夜深才按老乡指点的方向疾走。我下定决心，不管有多少艰难，也不能让这些把生命交给我的孩子们丢失。急中生智，我把白毛巾撕成条，一个挨一个地拴在他们的手腕上，遇到危险，就拉动布条，隐蔽到路边水沟或庄稼地里，这下子我们真正"生死与共"了。其实，对于有战斗经验的人来说，这样更增添全军覆没的危险，我哪里明白这些。但这一笨办法也保障了无一人，特别是体弱的女同学不掉队，至今还有当年的女同学向我讲述危难之际的感激之情。也许是老天感念我的心诚，就这样白天隐蔽，晚上行军，边摸索边奔跑，渴了喝带泥浆的坑水，饿了掐一把路边的生麦粒搓去皮吃，终于突出包围，路经亳县、淮阳、漯河，最后在周家口扒上难民的火车。

带队经历徐州突围后的留影

将近一个月后，6 月中旬，我终于带着这二十多人赶回鸡公山艺术大队总部。但直到数天后，二队张道中等全体和一队掉队的姚北桦等十余人，相继平安归来，我才松了口气，第一次睡了踏实觉。他们的历险亦有许多感人之事：部队曾要他们把女生留下，只带男生突围，男生坚决拒绝，行军时将女生围在中间，找到吃的先给女生和体弱的人，生死与共，终于全部脱险。战友重逢，热泪伴着欢笑，恍似隔世相遇。直到五十余年后，当年的青春学子，已须发斑白，仍亲如兄弟。

后听说瞿白音领导的"抗敌剧团"徐州慰问团，在突围中经受了更大磨难：曾出色扮演过《原野》中仇虎的有才华的演员赵曙，不幸在邳县中弹牺牲；另一位新队员张永，在逃难至苏北运河拉纤时竟落水，为抗战献出宝贵生命。全团最后逃往上海，又远渡香港，北上广州、长沙，从最东端到最南端，围着祖国绕了四分之一圈，直至 1938 年 7 月才返回武汉。

这次火线行，前后四五十天，我带着一群毫无战斗经验的学生，经历了血与火的磨练，对我自己是一次重要的战斗考验。

后来，蒋介石要把青年军团并入他的"战干团"系统，李宗仁极为不满，也不好明着抗拒，就在徐州突围后，将青年军团提前分配。艺术大队于 6 月底，乘军用卡车赴武汉小驻，随即转舟至仑子铺，又改步行经歧亭，抵宋埠。宋埠时为"第五战区长官司令部"新驻地。大部分学员由此前往湖北东部的麻城分配，表演特别班(尖子班)的学生，在万赖天的组织下成立了五战区国

艺术大队徐州前线宣传队部分队员给严恭祝八十八岁寿诞

防剧社，"八办"仍指令沙蒙、水华、我三人再留剧社做一段时期工作。

国防剧社在长江支流旁三面靠水、曲溪似鹅脖的名叫"鹅公颈"的小村暂驻，夏夜灼热，迟迟难以入眠，为防空又不能点灯，热情爱国的学员们常燃艾驱虫，聆听我们三人谈天。我们当然不放过这个好机会，尽其所有讲抗战后祖国的前景即如今日苏联，文化青年应将为人民、为抗战当作己任，亦剖析他们表演方面的得失。漫漫长夜之中，亦很充实。这前后，我导演、排练了几个小戏，参与编导了大型话剧《台儿庄》，因为有亲身体会，所以我很有激情。此戏计划与"抗敌剧团"联合演出，但因武汉战局日紧，敌机轰炸频繁，未能如愿，很可惜，剧本亦遗失无着。

不久，这个剧社无形解体，我们三人完成任务奉命返回武汉抗敌剧团，并且带回了艺术大队素质最好的欧阳儒秋、徐光珍、梁国璋(梁菁)。当然这里也有感情因素，沙蒙老大哥已和极有天赋的美丽少女欧阳儒秋互生情愫，由"师生恋"成为不可分的情侣。艺术大队不少学员，后来也参加了武汉组建的九个演剧队。

昙华林中文化军

1938 年 7 月中，沙蒙、水华和我三人赶回抗敌剧团，心情很愉快，因为这是自己的老“家”，而瞿白音带领的“徐州慰问团”，历尽艰辛也在 7 月初返回武汉。互相见面亲密感倍增，唏嘘之中，却体味到历经磨难后的几分成熟。

当时，“演剧队”和许多自发组织的“文化宣传队”，虽努力奋战在第一线，但都“弹尽粮绝”，衣食无着，其拮据、困窘的状况足以使人唏嘘泪下。“三厅”成立后，周公就深情地说：“演剧队为抗日做了许多工作，国民党不管他们，我们管！”于是“三厅”的大旗树立起来后，各地自发组合的、处于流亡状态的救亡演艺队和个人，就像看到亲娘的孩子，纷纷涌往武汉。郭老从陈诚处力争到一笔少得可怜的整编“抗敌演剧队”的经费。田老、洪老和张曙花了很大的力量，以原从上海出发的“救亡演剧队”为主干，将其整编为九支抗敌演剧队。

我们的抗敌剧团也由国民政府“军委政训处”改属为“三厅”。正逢整编九支抗敌演剧队，田老在热烈欢迎剧团从徐州突围归来时，兴奋而郑重地告诉大家：“为了表彰你们的英勇事迹，周公、郭老决定将‘第一’、‘第二’领衔的序号授予你们。”这是我们集体的光荣。

我被分配在抗敌演剧队第二队，队长郑君里（后为吕复），同队的有左翼剧联南京分盟的老战友：沙蒙、王家乙、赵明、舒强、水华、许之乔、许秉铎、石炎。新增加石联星、陆蔚芳、陈家松、史民、田青、樊庚稣、冯熙，以及平津学生流亡宣传团的刁光谭、夏淳、高重实、卫禹平和青年军团艺术大队有才华的女学员欧阳儒秋、梁国璋、徐光珍；武昌艺术专科学校十六岁的女学生朱琳等人。

1938 年 8 月 1 日，不知是否为周公的有意筹划，选择了“南昌起义”，这革命武装正式建立的光荣日子，在昙华林举行隆重仪式，宣布正式成立九支抗敌演剧队，并授予队旗。我和战友们怀着激动的心情整队站在广场上，因为从此就在周恩来副主席、郭沫若、田汉和洪深领导下，成为抗日战争中的革命“文艺兵”，虽然仍时时处处受国民党的钳制，但真正是“名正言顺”地在我党的直接领导下了。周公亲自给九支演剧队作了形势和任务的报告，传达了毛主席、党中央的重要指示，明确了坚持“持久战”，反对“亡国论”，在统一战线中作好国统区抗敌宣传工作的重要意义，使大家增强了信心，明确了任务和方向。1940 年夏，“三厅”改组，又将四个抗敌宣传队和演剧队合并，共分十支抗敌演剧队。

“三厅”办公地点在武汉昙华林。“昙华”和“禅林”本来就是佛家梵音，这里原是佛教的寺丛，净舍多，空地也大。据说原来是政治部本部驻地，但“禅林”均远避红尘，地处武汉西北角，而且要经过一条只能通过一辆小汽车的窄道才能到达，官老爷们自然觉得不“风光”，不方便。但对我们这些抗战文化人则宾至如归，极盛时，这里汇集九支演剧队、四个抗敌宣传队、一个孩子剧团、平剧（京剧）、汉剧宣传队，还有丁聪等的漫画宣传队和“三厅”本部的工作人员，洋洋两千余众。绿树成荫的空地时而是操场、课堂、画展大厅，时而是排练场、舞台，歌声嘹亮，彩旗飞扬，真是一进去就使人热血沸腾，群情激奋。许多市民也喜欢进来看，在集中了国民党军政机关的武汉，官气沉沉、腐化享乐之风靡靡的环境中，这里是个亮点，显示了抗日的民族精神。

抗敌演剧队一成立，即在昙华林接受短期的政治和军事训练。这里还有个缘由。周公曾关切地到驻地看望大家，谈话中，在讲到从授队旗仪式上看见郑君里等诸队长、队员行动不符军列要求，仍是文化人的散漫时，充满忧虑和关切地开导大家：“抗战是长期的战争，亦是真刀真枪残酷的，以后你们要上前线宣传，难免不遇到战斗，不懂军事常识怎么行呢?!”本来队员们听到要进行短期的军训，都有些抵触和轻视，听了周公一席话，从此就安心军训了。

不久“三厅”决定：各队深入到前线，分配到各战区。这就意味着要离开周公，离开“三厅”和热气腾腾的昙华林，而要直接归国民党战区司令部管辖。我们二队划归江西十九集团军罗卓英部。此时战局日紧，国民党军队节节败退，甚至“降军如潮，降将如毛”，这就不能不使人怀疑“最高当局”的用意了。历史是铁面无情的透析镜，证明了抗战中的蒋家王朝，在被迫抵抗、退让、勾结之间摇摆犹疑的状况，反共和保存实力才是其本意。

徐州失守后，安庆沦陷，马当又落入敌手，田家镇要塞失陷，意味着长江门户洞开，武汉危在旦夕。日军亦调集了二十多个师团，五路进逼三镇，敌机轰炸更加频繁。尽管“保卫大武汉”的口号喊得震天价响，但当局实际上在 8 月下旬，即开始撤退政府机关，谁都能感觉到武汉是要被“政府当局”放弃的。然而“八办”和“三厅”却一直坚持着，周公指示《新华日报》要出刊到“最后一天”。“三厅”在“九一八”七周年之际组织了声势浩大的纪念周，我所在的演剧二队和兄弟队都全情投入。

10 月 21 日，广州，这个孙中山先生长期工作培植的革命发祥地，意外地陷落了！严格地说是“丢失”了！日军只有三千余人，“国军”有十个师，却一夜之间闻风而遁，真是可耻、可恨！上海保卫战是一个月，南京是五天，广州是一天，国民党的“恐日症”已渐入膏肓。武汉已进行最后的撤退，二队因一时还联络不上十九集团军，所以暂随“三厅”撤往长沙，郭老直至 24 日晚方才登船，而 10 月 25 日，武汉就落入敌手。

郭老在记述抗日战争的名著《洪波曲》①中，对演剧队纪实性地写道：“这些大抵都是意志坚决、富有牺牲精神的青年，待遇不用说也是非常菲薄的，然而也一样的甘之如饴。他们在分发到战区以后，所经历的各种艰难困苦，那真是罄笔难书。”这就是我们的真实写照。

---

① 郭沫若于 1948 年作《抗战回忆录》，后改名《洪波曲》。

珍贵的周副主席手迹

1938年10月,演剧二队匆忙随"三厅"部分人员撤抵长沙。"三厅"住水风井的长沙师范学校,二队先驻长郡中学,后移营灵官渡"江苏同乡会",边演出边休整,在湘潭郊区200师驻地演出几场,其中有《八百壮士》、《德安大捷》、《三江好》等,还有新排练的三幕话剧《烟苇港》。

大约11月6日,得知十九集团军在长沙西南三十余公里的"大托铺"设有联络站,于是又于9日举队迁往,准备就近联系前往江西。刚租房住定,11日传来岳阳失守的消息,长沙政府机关又大批撤往衡阳、湘潭。当局主脑们早已飞往中国的腹地山城重庆,建立"陪都"。我们屋前的公路上,车辆骤然剧增。

这时,队员思想波动极大,心情忐忑不安,主要是刚摆脱了国民党官老爷,在"八办"、"三厅"的领导下过了几天舒畅的日子,又要落到他们的窝里。更从心里不能接受的是:江西是老红色根据地,我们怎么能在那里受国民党军队管辖呢?!同志们反映强烈,12日上午,队委会决定派吕复和我一起到"三厅",要求不去江西,仍跟随"三厅"行动。

我俩中午出发,步行三十余公里,到达长沙水风井,已是黄昏。看见周恩来副主席正向即将撤离的"三厅"工作人员讲话,他讲得很细,既教给行军途中怎么样保证安全,避免负伤,不丢失一个人,又告诫大家:要遵守群众纪律,借东西要还,损害要赔偿,严格遵守三大纪律八项注意等。我们听得入了神,感到是在听严父慈母对即将出征儿女们的谆谆教导和叮嘱。当听到郭老讲司令部原答应派来的汽车已落空后,周公又风趣地说:没关系,我们每个人都有一台"11号汽车"嘛,红军二万五千里都能走,我们一定也能撤离长沙!

讲话后,他发现吕复和我有事,而且一时难于启口,于是和蔼地让我们跟他去郭老办公室慢慢讲。

吕复嗫嚅地讲述:同志们不愿归国民党军队管辖,请求随"三厅"行动。

周公没有责备我们,而是耐心地讲道理,他说:"江西的部队、群众需要宣传,明确前途,巩固抗日的决心。深入国民党占领区,反对妥协,坚持抗日,作好统战工作很重要!要知道这是毛主席的指示。老红色根据地更应该去,老区乡亲们盼着听到党的声音呢。"

讲到这里他问:"严恭,你带笔记本了么?"我连忙拿出,他接过熟练地画出江西的地图,并充满感情地边介绍边标出红色苏区的地点。最后,还画出由长沙到江西的路线图。这宝贵的手迹,在最艰难的时候我都珍藏着,即使在敌人追击,丢掉所有个人物品的时候,也贴身带着。但"文革"中被造反派抄走,竟然遗失,真是痛惜!

周公说:"所以,你们应该到江西去,你们不是经历过徐州突围么?还怕什么?!相信你们能学会独立作战,克服困难。到了那里,有问题可以就近找八路军办事处请示,也可以到桂林《救亡日报》找夏衍同志;必要的时候,我还会派人去主动找你们。"听了他的话,我俩又惭愧又兴奋,好像领到光荣的任务,心中的疑惑全消。

往回走时,天已黑尽,路上遇到"纪念孙中山先生诞辰七十二周年"的火炬游行队伍,很使人振奋,也对"长沙即日失守"的谣传感到不可信,安下心来。赶到"大托铺"二队住地,已是近半夜,但同志们都没睡,等着我俩的消息。我俩如实传达周公的话,大家的顾虑都消除了,决定明天一早,吕复和我就去与罗卓英总部先遣队联系。

正当大家准备睡觉的时候,突然有人大喊:"不好了,快看!"原来是长沙那边映出火光,天边不祥的火舌伸卷着,在黑夜中更显得恐怖,众人惊恐不安,议论纷纷,都觉得凶多吉少,说不定是敌人攻进长沙。于是决定让吕复队长连夜去与罗总部先遣队联系,了解情况。此时已是11月13日凌晨,长沙方向逃难的行人车辆骤然增多,人声嘈杂,全队都惴惴不安。

吕复好不容易找到罗总部副官处,副官正在睡觉,连灯都不开,隔着窗子回答:"罗卓英司令现在长沙以北的汨罗前线,长沙战况尚无确切情报,有什么事明天再说。"

但长沙骤发大火的消息已证实。公路上扶老携幼,哭号之声此起彼伏,惨不忍睹。人流慌张南逃,大有日寇在后追赶之势。此时深感弱国将亡的惨景,明白什么叫"哀鸿遍野"。为了全队的安全,等不到明天,我们只携带少量的个人物品,立即跟随人流撤退。可惜的是,因为没有汽车,只得把我们几年来积攒的演出器材都丢弃了。我任队委会委员、演出部长、舞台监督,衡量再三,还是舍不得那块大幕布,没有了幕布就没法进行舞台演出了。于是和沙蒙、石炎、许秉铎三个好伙伴,齐心协力扛起沉重的大幕逃难。

这里还有个小插曲:走着走着,幕布越来越重,沙蒙和石炎不由得边走边骂,我则一声不吭。到下半夜又累又饿,几个人休息的时候丢下幕布就躺在地上起不来了。我就拢了一堆火忙着,一会儿,火堆里飘出香味,几个人不由得直咽口水,爬起来看,原来是我在烤山芋……我知道,扛这么重的东西一定会饿得走不动,所以在第一次休息的时候,就悄悄从田里挖了几十斤山芋,塞到幕布卷里。伙伴们知道了又是"大骂"一顿,但此时吃起香甜的烤山芋,又大大感谢我……回想起那时的生活,很艰苦,但也充满了特有的乐趣和情谊。

全队赶到湘潭,昔日繁华的街道空寂得只能听到我们自己的脚步声和几只野狗哀嚎,竟然已成空城。我们未敢停步,一夜竟赶了六十多里,正当筋疲力尽时,巧遇前些天慰问过的200师军车,于是分挤搭乘六辆,于14日上午赶到湘江边下摄司渡口,此时渡口岸边聚集了几百辆车,密密麻麻地等待轮渡。

我们正在无计可施的时候,突然发现"三厅"撤退的大队,但洪深科长严肃地批评了我们没有跟十九集团军撤往江西,队员们甚感委屈。郭老就站在江边的石头上,对二队全体同志作了讲话,他首先传达了周副主席的指示,并强调:战地行动必须和部队取得联系,任何时候不能离开部队。现在,二队既然已经来这里,衣物设备全丢光(除了那面大幕——我和三个伙伴欣慰地笑了),同意暂时随"三厅"去衡阳。

长沙大火

长沙,这屈原踯躅徘徊向九天抒发心中疑问和郁闷的地方,这贾谊被贬痛哭自伤的场所,我喜爱她,不仅因为湘江两岸是我们演戏放歌的大舞台,我亦喜爱岳麓山的火红枫叶、天心阁的雄伟壮丽;这里,民风淳厚,连待客都素有"席面宽、筷子长、汤匙大"之美名,"咸、辣、多"的菜肴总能使你花不多的钱,却让三朋四友肚饱,脸红,出一身痛快汗。我更喜爱他们的诙谐幽默,在街上,黄包车夫会手指捧着的书回绝你:"还没看完这段哪,您老人家!"你凑前一看,那是本不知翻了多少遍、书页发毛的《水浒》,你无法生气,只能对他笑笑。这就是可爱的长沙人。然而是谁,使他们遭受这样大的劫难?!

1938 年 6 月 11 日,豫东"花园口"已经上演过一次蒋家军决黄河大堤以"御敌"的"战术"。结果,并没挡住长驱直入的日本兵,却使万亩良田、家园化为泽国,数十万百姓疾苦啼号,无家可归,哀鸿遍野。没想到,整整五个月后,悲剧又在长沙——这文化古城重演!

11 月初,日寇直逼湖南。蒋介石由南粤飞往长沙,主持湖南省军政会议,有省主席张治中、集团军司令关麟征参加。在此次会议上,蒋介石断然命令:如果日军进攻,则放火烧掉长沙!这就是他的"焦土抗战"。

就在我们向"三厅"请示的当晚,11 月 13 日凌晨,蒋介石命令放火烧城。其时,日军尚远在二百多公里以外的汨罗北。放火队由士兵组成,挑选凌晨二时大家正熟睡的时刻,唯恐火势不旺,先从南门用汽油纵火。霎时间,燃遍全城,这座文化古城毁于一旦。百姓们从梦中惊醒,已是一片熊熊烈火,真是"上天无路,入地无门"。许多人葬身大火,房屋、粮食、衣物均化为灰烬,哭号之声震天,惨不忍睹。周恩来副主席当晚住在长沙八路军办事处,事先也未接到任何通知,只带了机密文件与叶剑英等同志冲出火海,费尽周折,才赶到下摄司渡口,与郭沫若和"三厅"同志会合。

11 月 15 日,我们随"三厅"抵衡阳,二队和八队住在含章中学,大家还没安顿就绪,16 日晚饭后,郭老突然亲乘敞篷军车来到门前,当即严肃下令:奉周公令,二、八队主力奔赴救灾前线!我和大家一样,什么话也没讲,捆起行李，十余分钟内，即登车向长沙连夜奔驰。

在车上郭老告诉我们，周公13日当晚不顾危险和疲劳，与叶剑英同志连夜赶回长沙城外，在一座小山上观察形势，精确地判断出：日寇并未侵入长沙，而这么大面积的火灾，肯定系当局有组织有计划燃放的。14日，周公与剑英同志赶往南岳参加蒋介石主持的前敌军政会议。会上展开了激烈的辩论，周公孤胆战群敌，痛斥了所谓"'焦土战术'是中外战史上惯用"的谬论，指出：事实证明，"长沙大火"是帮助了敌人、害苦了百姓！周公既坚持了原则，又为了推动以后的工作，有意没直接点蒋介石的名字。在他有理有据有节的力争下，蒋介石不得不答应周公提出的建议：立即拨款救济灾民，惩办纵火的罪魁祸首（事后，枪毙了三个"替罪羊"：长沙警备司令酆悌、宪兵团长文重孚、市警察局局长徐昆）。由于各政府机关都推诿善后责任，周公又主动承担起这项艰巨繁重的工作。

16日会议结束，周公即赶回衡阳，召集"三厅"领导，宣布"救灾动员令"，研究、布置具体工作，决定在这关键的时候，不能用国民党的部队、警察，而由"抗敌演剧队"一、二、八、九队精干人员为主，组成"特别工作队"。整个行动由周公直接领导指挥。会后，他又执意身先士卒赶往长沙，冒着危险视察灾情，开始工作。

在周副主席直接领导下

我们“特别工作队”于11月17日凌晨进入长沙，此时大火已烧了三天三夜。大火无人扑救，是烧得没什么可燃物才熄灭的，可见烧得“彻底”。据统计：毁城百分之八十，约三十万居民无家可归，亡二万余人，伤残无数。我们从南门进入，原来正街到八角亭一带繁华的市区，已是断壁残垣，门窗皆无，余烟缭绕，火星闪烁，满目疮痍。再走下去，街巷均被房屋倒塌后的瓦砾灰烬掩盖、堆塞，断壁残砖中竟可见伸出的手臂、头颈，尸臭熏人，惨不忍睹。

“八办”小楼也化为灰烬，救灾指挥部只得设在原财政厅大楼，我们火速放下行李，即参加动员会。周恩来副主席作了报告，才三天未见，我们敬爱的周公就瘦了许多，可想他是怎么样的劳累啊！但他开始首先亲切地致意、慰问大家：“连夜赶路辛苦了！”我们都激动地流下热泪。他给我们讲抗战是“持久”的，以坚定我们的意志；再分析战局，指出日寇战线拉得越长兵力越分散，实质是走向弱势，他让大家提高信心；针对同志们极度仇恨、气愤蒋介石的情绪，他阐述党的统一战线方针的重要意义，“逼蒋、推蒋抗日”才对大局有利，教导我们在国统区要把坚持原则与掌握灵活的斗争策略相结合，应

1938年11月，长沙大火后的惨状

当有理、有利、有节。

周公悲愤地说:“长沙人民遭受了惨绝人寰的苦难,他们(国民党)不要人民,我们要!”最后,他的语气又激昂起来:“人民是我们的亲人,是抗战胜利之本!”他要大家一定全力做好救灾工作,并且作了周密具体的布置,还亲切地嘱咐大家不要紧张,有什么问题和困难,可以直接找他一起商量。我们当时刚二十多岁,没担过这么重的担子,自然有些紧张,听了他的话,悬着的心一下放松了,热烈地鼓起掌来。

我们每个人都郑重地佩戴袖章,为防止伪造,上面醒目地盖着“八路军办事处”的印章,行动军事化,主要的工作是扑灭余火,救助灾民,医治伤残,抢救粮食物资,解决主副食供应,开设粥棚,疏通街巷,掩埋尸体,维持治安,防止敌特破坏和抢劫。

宣传动员民众是很重要的工作,周公历来重视宣传工作,要求墙面标语要遍及长沙各角落,并向市郊农村延伸。救灾开始,他即提出出版报纸,在未找到铅字、印刷机前,先在全市几个主要地点手工写绘出大型墙报,直至几天后正式印报。对于标语和文章,均经他亲自审查、修改,并教导我们既要坚持抗战、反对迫害人民,又要有利于统一战线,并且要求用正楷书写,使老百姓都看得懂。重要文章更由他亲笔起草。

有关灾民的生活,事无巨细,周公都亲自布置和处理。我们按指示去郊区动员农民运粮、菜、肉等副食品进城供应,却遭到拒绝,农民愤怒地指责政府的残忍行径,也担心灾民没钱买。周公听完汇报后,指示我们耐心解释,同时保证农民安全,并承诺在下午四点钟还没卖掉的菜,由工作队包购,绝不影响农民回乡。结果副食市场很快建立,每天销售一空。周副主席却一直和我们一起就咸菜下饭,从不特殊。

抢救粮食的工作,由田汉先生自告奋勇承担。他是长沙人,熟悉这里的街巷,知道粮库的位置,开完动员会,即火速带着我们赶到粮库,扒去粮囤上层烧焦的部分,抢出救命的宝贝。

这次救灾给我留下深刻印象。在灭火的过程中,有一次我转过断壁残垣,看见前方有一口水缸,居然是完整的。大概是遇到刨墙的震动,水缸突然在我们面前无声地粉碎了,更令人震惊的是,里面倒出一具蜷缩着身子的尸体。可以想象,这位妇女在大火中逃跑无路,跳入水缸,可缸中的水,在烈焰的烘烤下沸腾、蒸发,但就这样,因为外面的火焰更逼人,她没逃出水缸,直至缸体烧红……还看见一位老者,在自己家的废墟中一边翻捡着,一边念叨:“这才烧得好呀,这才烧得干净啊……”在墙角,他找到一只锅盖,就以长沙人的幽默，凄惨地说："还给我留下这个么子（东西），还可以烧饭呷喽……"说着泪水长流。这使我想起淳厚的长沙人亲切可爱之处，更觉酸楚，不由得也是热泪盈眶。

“尽忠尽节”的师生们

救灾工作的高潮是发放救灾抚恤金，总数为五十万元。“救灾”从来是国民党贪官发财的好机会，于是，那些不干一点实事的老爷们，开始拼命争抢，说我们这些文化人没能力作好这件事。周恩来副主席为灾民计，坚决拿下了这个任务，并决定由我们“特别工作队”实施发放。

在宣布时，他严肃地望着我们问：“有信心吗？”我们齐声回答：“在您的领导下，我们有！”他深沉地说：“不要小看了这件事，一天发完五十万，九万多灾民相当于十个师，集中起来是多大的一片哪，只要有一点骚乱，就会人踩人酿成重大惨剧，而敌机是每天都来轰炸的，还有敌特的捣乱。大家要充分做好思想准备！……”我们深感责任的重大，“如临深渊，如履薄冰”，但是，说来已形成习惯，只要是在周公直接领导下，我们真的觉得什么困难都能够克服。

工作队立即行动起来，周公亲自起草了激动人心又通俗易懂的《告长沙人民书》，把救灾、善后和动员民众抗战结合在一起，得到群众和各方面的热烈拥护。我们则分成小组，到各街巷、市郊、农村，向难民宣传，按周公指示：务使不漏掉一个人。周公还指示，在教育坪广场（现湖南省人大所在地）、四十九标广场（现东风广场）搭建进出口通道和发放登记台。他特别强调，预设紧急疏散出口、红十字救护站及厕所。他还细致地叮嘱我们提早煮好几大锅有咸味的稠粥，以便早起的老人孩子食用，不至于晕倒。

放赈行动由洪深先生任总指挥。是日凌晨四点钟，“总值星”号令全体紧急集合，大家从睡梦中惊醒，赶到大会议室。长条桌子边缘点着蜡烛（尚无电供应），气氛紧张肃穆。洪先生坐在桌子前端，似在沉思，然后，他缓缓起立，注视着众人，开口说：“现在到了‘男人尽忠，女人尽节’，报效祖国的时候了！”大家愣住，紧张得一口大气也不敢出。他接着说：“周公指示，每个人都要做好牺牲的准备！特决定，今天敌机来轰炸，不拉警报！大家必须坚守岗位，即使炸死，也决不许乱动！给群众做个榜样。我也强调一点，我们不是施舍，而是要把灾民当作亲人，热情亲切。为此，周公已严拒任何军警进入现场，所以我们更不能出一点疏忽、差错和冲突，灾民饥寒交迫怒火中烧，情绪极易波动，万一引起骚动，几万人会由小事引发死伤的大灾难，如是，我们将成历史上不可饶恕的罪人。”大家都暗暗发誓，抱定牺牲的决心，并为参加这光荣的任务而自豪。

六时许，灾民开始进入现场，不多时，几万灾民从各街巷汇集而来，真是个宏伟的场面。我们担任组织、疏导、纠察、核实、登记、发放的具体工作，请来协助的“基督教青年会”、“长沙青年会”的朋友协助出入口的引导，因为他们是本地人，乡音易懂；又请身强力壮的“朝鲜义勇队”帮助维持发放台的秩序。

不久，我们看到周公、郭老、叶剑英同志都出现在主席台上，洪老在主持，他充满感情地说：“长沙的父老乡亲们，你们受苦了！今天，准备了巨款，无论男女老幼每人五元。请你们听从工作人员指挥，按次序列队，一个接一个到台前来领取……”最后，他高声地说：“现在，国难当头，如果有日寇的飞机来轰炸，大家千万不要乱。我洪深就站在这儿，发誓与大家患难与共，生死在一起，保证不动！”

本来看到周公，群众就激动起来，此时几万的灾民，更大声整齐地高喊：“我们也宁死不动！”并齐呼“打倒日本帝国主义！”等抗日口号。一个发放救灾款的工作，却成为抗日的宣传鼓动大会，民众的宣誓大会，真是万众一心，感动得我们热泪盈眶。

灾民们入场时看到与以往凶狠、戒备的“丘八”不同，而是和蔼可亲的演剧队队员，不少人都看过我们演的戏，又看到臂章上“八路军办事处”的红章，都有信任感和亲切感，于是十分配合，放赈在顺利进行，近十万人没有拥挤、哄抢。为了加快速度，洪老果断地取消了验证身份、盖手印的程序，却没人重复领取，这就是我们的人民。

担心的事果然发生了。正发放间，一架敌机来袭，进而低空盘旋，然而全场八九万人，黑压压一片，却鸦雀无声，一动不动。我们抬眼看去，台上巍然坐着周公、郭老、叶剑英同志等领导，稳如泰山，洪老直立在台前，我们的眼睛又一次湿润了。所幸，这是一架日寇侦察机，没有投弹。

放赈工作一天内顺利结束，那些没捞到油水准备看热闹的人，也不得不膺服了，社会各界更赞誉为“奇迹”，在全国广为传扬，使长沙和全国人民都感性地了解了我们中国共产党，认识了周恩来这光辉又平易的形象。这样的党是不可能不得民心的，是一定会胜利的，老蒋从根本上已经注定要输了。

11 月底,周公高兴地举行“庆功会”,以茶代酒,祝贺大家在短时间内出色地完成了艰难的攻坚战。我们知道,这都是由于在他的直接领导下才取得的成就。正如郭老说的:“周公看见大家作得井井有条,也很愉快。我自己也很明白,这些完全是在长沙大火中被他短期训练出来的学生们,经过了几天的艰苦锻炼,是有些进步了。”

的确,我们就是周公的小学生,尤其是他全心全意为人民的高尚品质,高风亮节的纯净人品,踏实细致的工作作风,实事求是的工作方法,这些都影响了我的一生。还要特别强调的是,跟着周公工作,学到了在国统区斗争的方针和策略,这是在以后复杂、残酷的环境中,我们能坚持下来的重要原因。

送"子"远征赴江西

1938年11月下旬，长沙放赈结束后，抗敌演剧二队奉命往长沙邻县抚慰灾民、调查情况。我与舒强、水华、洪遒、陆蔚芳为一组，赶赴湘潭，至12月中旬，圆满完成任务。全队在衡阳集中，稍事休整。两三天后，"三厅"命令：即赴江西！大家虽然经过救灾思想有了提高，但对于离开所依靠的亲人，孤单地到国民党军队中去，心里还是惶恐不安的。

12月28日，"三厅"特派的军用卡车来到驻地，我们意外地发现，洪深先生竟然陪大家一起去。一路上，他没再批评我们，而是带着宽慰的笑容，像是和蔼可亲的长辈。从衡阳出发，途中经浏阳，过醴陵，在万载夜宿。洪老怀着惜别之意，在旅店请全队吃湖南家乡菜"腌笃鲜"、"炒腊肉"，饭后还兴致勃勃地给我们讲表演课。

30日，抵南昌近郊"乌石桥"。在十九集团军司令部广场，正式举行报到和欢迎仪式。仪式上，我们惊奇地发现，号称"铮铮铁骨"，从不肯对权贵低头的洪老，居然军装整肃，动作规范地向司令罗卓英敬礼，郑重地双手递上"政治部"和"三厅"的派遣公文，作了正式交接。仪式后，他与我们一一握手，矜持地拒绝罗卓英的宴请，登车返回。

洪深

依依不舍地看着远去的他，我突然想到：洪老这样全国知名的教授、戏剧家，曾在放映反华影片《不怕死》的当口，只身跳上舞台，挡住放映的银幕，大声抗议；面对当局的迫害，他曾愤而辞职，在家门口贴上手书的诗句——"苟全始终谈何易，饿死今知事不难。"想到他在放赈现场，敌机临空时挺拔的身影……我突然明白：他今天的恭敬礼仪和托付，是以"三厅"的正式名义，表示对我们今后安危的特别关注、负责到底。一股暖流涌上我心头，这诚如母亲发现子女对独自闯天下的恐惧、惶惑（我们以前的表现实质上不正是这样么?），就亲自送其奔赴前线，并尽其可能展开羽翼给予保护，他代表的是周恩来副主席和党组织的关怀，可我们还曾对他闹意见……可敬可爱的洪老呵！

紧张的工作，早已成了演剧队的习惯，来不及惆怅，稍事排练、装台，当晚就投入了欢庆1939年元旦演出。自然首先为罗总部官兵演出数场，获得热烈反响，随即奉命往修水前线巡回宣传慰问月余，遍及十九集团军所有部属。宣传效果甚好，深深体会到周公要我们在国统区工作学会合法斗争的重要：一则是有块"官方"的招牌，不但有经费、汽车，而且是很好的"保护伞"；第二，这个阵地我们不占领就会被敌人占领。为部队的同时，亦有意识地为农民演出。在乡镇农舍的墙上，我们看到残存的苏区红军标语，虽只能伫立默默致意，但心中掀起波澜。

组织发动广泛的群众救亡运动是我们主要的工作之一。二队与其他进步团体如江西青年救亡团、上海劳动妇女战地服务团等经常合作演出，获得了"谦虚、平易、亲切"的声誉。在南昌，当时集中了不少从沪宁浙赣来的流亡青年，组织特命我、水华、洪遒进行组织辅导工作。我们约请音乐家何士德和搞话剧的黄煌举行歌咏会，影响颇广，就帮助、推动他们在此基础上组织成立了"江西抗敌后援会戏剧分会"，并广泛对学校、救亡团体进行辅导，无偿教表演、排节目、提供剧本歌篇。

为了适应战地流动演出，队里拿出不多的经费，统一设计、制作了灰棉布大衣，较长较大，但束紧腰带则很利落精神，每人一件。白天御寒，晚上别有妙用，把两脚伸进袖子里，就是很暖和的棉被。这大衣成了二队的标志，也被兄弟演剧队艳羡、仿制，居然成为"时尚"。但经常睡在阴冷潮湿的稻草上，使很多队员患上疥疮，溃烂成片，痛痒难熬不能演出。

修水巡回，罗总部也很高兴，因为官兵从来没享有这样的文娱活动。罗卓英制巨幅奖旗一面，上绣"战场乐府"金字以示表彰。这一切，使同志们信心倍增。

1939年春末，日军加强进犯，十九集团军将放弃南昌，二队紧急南撤，经清江、峡江，一路往吉安，再转向赣中的宜春、分宜，最后达罗总部新驻地新余。这一阶段演出的新戏有水华导演的《人命贩子》、赵明导演的《一心堂》。

新余临袁水，风景秀美，特产蜜桔，甘甜多汁，名扬长江南北。秋天时我们已有幸品尝，此时，还只是累累青果，为风景添彩。我们驻在教堂和旁边

抗敌演剧二队(后改为九队)1939 年在江西新余合影,前排左三欧阳儒秋、左四朱琳、左五石联星;后排左三严恭、左四赵明、左七石炎、左八刁光覃

的民房中,教堂前有较大的平地,尚存一古戏台,正可排练、演出。此时战局处于相持,在此度过了 1939 年的晚春和仲夏。

利用这段时间,我作了两部分工作,首先是有意识地提高理论水平。演剧队有件宝贝,无论怎么紧急也不丢掉的"小小图书馆"。其实只是个书箱,有专人保管,里边有莎士比亚、契诃夫、奥斯特洛夫斯基、果戈理、托尔斯泰、莫里哀、高尔基的文学、戏剧名著,亦秘密保存着《共产党宣言》、《论持久战》、《大众哲学》等红色"禁书"和进步报刊,也有《剧场艺术论》、《演技六讲》、《苏联演剧方法论》等,多是队员捐出和从"八办"领到的延安书籍。看书学习是演剧队的好传统,夜里要演出,且油灯昏暗,因此不论演多晚,清晨即起,在河边、竹林中均有琅琅书声。我也借此再次系统地总结了自己的艺术实践,补充"营养"。

1939 年 7 月在新余,抗敌演剧二队演出《挖公路》(编导:严恭)的剧照

另一部分工作是提高业务水平。表演是我的本职行当,亦经常任导演、舞台监督,自认为亟待提高的是编剧。队里正好要求开创新局面,组织几个比较能写的人,关起门来创作。于是在"创作周"中,

全队共创作三个剧本，其中《水车转了》为正剧，描写团结抗战，为赵明编导；我写了《挖公路》、《闹元宵》两戏。《挖公路》是抗日励志剧，真实反映江西农民抗日斗争的实事。我努力的方向是：力求改变长久以来舞台上穿工农服装说知识分子语言的窘境，使人物之形象、动作，尤其是语言能农民化，甚至有些本土化。从演出效果看，得到认同。

《闹元宵》反映了与日寇斗争才是民众的求解放之路。此戏我决定下大力气探索，缘起是：觉得活报宣讲式的演出，应当改变和提高，应更艺术化、戏剧化，不着痕迹地使观者感受作者想表达的意图，即从硬性政治宣传上升到艺术感染。不安分的性格，使我在形式上也想另辟蹊径，用喜闹剧来表现正面内容。今天看起来不算什么，但在当时，正剧是占百分百统治地位的。因此这个戏很新颖，形式活泼，有激情，群众反映热烈，可以说是喜闻乐见。这大概是我后来排戏、拍片偏爱幽默喜剧的基础；尊重观众，将观众放在第一位，亦是我以后创作的指导思想。这两部戏均由我导演。

“创作周”里，无论队里还是我个人，都可以说是丰收，这三个戏成为抗战时期的保留剧目，并被在解放后收入已出版的《当代剧本集》中。

“不看戏的戏剧家”和龙套

在江西新余期间，演剧二队经历了一次人事变动：老骨干水华、舒强、王家乙和潘祖训、田菁等离队赴重庆，一部分人到了延安。队里又从吉安吸收了蒋军(江俊)、嵇启明、张北宗、张普人、张正等人，包括罗卓英介绍来的陈光复。在袁水前线演出时，我们曾与杜宣领导的江西乡村抗敌宣传巡回剧团相遇。杜宣早年与水华同在日本学习戏剧，两队亦很融洽，这是我第一次见杜宣，文质彬彬的外表下蕴藏着热情，很有文采。

国民党历来对演剧队视为异己，认定是“共党”领导的。1939 年 8 月，下令将二队调往长沙，归以顽固著称的“九战区政治部”管辖。

乘卡车离袁水时，满坡的蜜桔已然嫣红，心中泛起阵阵波澜。路经吉安，杜宣搭车，方知其团被迫解散，我立感熟悉的政治冷气袭来。果然，第一次反共高潮开始了，包括我们这次调往的九战区，司令长官为极厌文化的薛岳，这亦是迫害整肃行动的一部分。后在 1940 年第二次反共高潮中，国民政府军委会政治部正式下令将“三厅”为我们编序的“二队”番号改为“九队”，实际上是想剥夺“三厅”的领导权。

此时，杜宣介绍了自己团里的冯旭、蒋仁麟加入我队。

长沙，是我们在周恩来副主席直接领导下战斗过的战场，是我钟爱的地方，乡音、乡情备感亲切。对比之下，司令长官薛岳的冷脸则更加瘆人，政治部老爷们的眼光里，更是透着戒备，好在我们早已习惯，在市区的演出仍大受欢迎。

这段日子里，我最高兴的是能直接受到田汉先生的教益。这还要从长沙大火后说起：救灾工作结束后，田老深恶政治部陈诚等人的老爷作风，拒绝随他们撤往重庆。他留在长沙，并到各处动员、帮助、培训戏曲艺人，组织他们演出宣传抗日的剧目，还创作了许多戏曲名剧，被一些人称之为“跑江湖”。田老就和我们二队一起驻在“留芳里”，领着我们义演、筹款，帮助湘剧宣传队，恢复简易的剧场，添置行头、景片。当时我们都是二十多岁，活儿做得很卖力，但就是湘剧队一排练，就都跑出去逛街了。田老极爱中国民族戏曲，有很深的感情，不许我们叫"旧戏曲"，而要称为"中国歌剧"。"三厅"成立不久，他即亲任有七百多名戏曲艺人参加的培训班的教育长，结业后，平剧（京剧）、楚剧各成立十个宣传队。湘剧是他的家乡戏，尤为钟爱。田老坚持他的主张："要使外来形式的话剧艺术，具有民族风格。"但我们不懂事，没有自觉去做。有一天，他拦住我，沉下脸说："严恭，你们真是不看戏的'戏剧家'啊！"这句话震动了我，在他的指引下逐渐转变，亲近了民族的瑰宝——戏曲。

从长沙救灾之后，这次再回到长沙，又在田老的教导之下了。二队仍驻在长沙北门外"留芳里"。这原是湘雅医院职员宿舍，屋顶绘有美国星条旗。也许因此没被日机炸毁。"留芳"，真是一个寓意深刻的好名字，多少人穷一生精力追求之。这里与演剧队结下了不解之缘，成了我们的固定住所。田老仍经常来指导工作，这段时间我着迷似地看了许多湘剧，如《宋十回》、《武十回》、《造白袍》等，也和湘剧名演员欧元霞、徐初云、徐绍青、吴绍芝、罗裕庭结为挚友，跟平剧（京剧）宣传队也感情甚洽。田老编剧的平剧《江汉渔歌》，场面很大，需要龙套（群众演员）很多。一天田老把我找去说："严恭，你找几个人，去帮他们跑跑龙套。"我即找了好友陈宪武、陈家松、马英等八人，参加龚晓岚导演排练的"水仗"。演出时，田老在台下，看见我们扮上戏装舞旗旋跑，哈哈大笑，带头鼓掌。我们几个越发来劲，究竟是"棒槌"（外行），差点儿把主角李亚琴、徐敏的戏给搅了。

1939年底，传来"粤北大捷"①的消息，田老是诗人，陡发去战场访问之兴，同时去看望在四战区的演剧一队。正值战局，路途遥远，队里决定派我和高重实随从保驾，由此有了一次田老称为"难得之缘"的粤北之行。

---

① 1939年11月18日，日本侵略军发动第一次粤北会战（又名从化之战）。日军约六七万人，在50多架飞机配合下，由广州、增城出兵，突破我第一线阵地，直逼英德、翁源，妄图占领战时省会韶关。中国军队第62、63、65军和独立第20旅、第66军151师，节节抵抗，战斗激烈。从湖南前来支援的第54军，在沙口、新江等地痛击日军先头部队；原在佛冈作战的62军，不愿退守第二线阵地，改为直捣敌人后方，同日军激战5昼夜，断其归路，迫使日军退回广州、增城，战斗至1940年元月8日结束。

日军4个月后妄图反扑，于同年5月上旬发动第二次粤北会战（又名良口之战）。中国军队在从化鸡笼岗、望到底等地与敌激战，日军在良口受到围困，夺路南撤，日军再次遭受挫败，战斗至6月12日结束。

难得之缘——随田汉老粤北之行

田汉先生生性豪爽，上午提出粤北之行，二队快速做出决定，下午他老人家就一连声催着要启程，我和高重实也没二话。当时铁路中断，只有雇木船从长沙灵光渡登舟，沿湘江顺流而下。碧波淼淼，抗日的烽火使我们一群来自四面八方的青年汇集湘江，我手抚江水不禁产生亲近之情。不知不觉中，江面上笼罩了迷茫雾气，天空飘落点碎的雪花，风向变为逆转，我和重实帮船老大摇橹撑篙。冬日的白昼是短促的，抵湘潭时已是灯火阑珊。

我们下榻“潇湘酒家”，饭后，即请来湘剧队徐绍青等几位老艺人。田老照例每到一处首先看戏，他说：“绍青啊，你是知道的，严恭最爱看湘剧，重实是乐队指挥，也喜欢听高腔。我给他们介绍说，你和细妹子筱艳柏演的‘琵琶记’是一绝，演给他们看下子喽。”徐绍青爽快地说：“那我们今晚就演！”我和重实觉得已经九点多钟，夜场即散，再演就是专门加场，票也来不及卖，连说：“太晚了，等从广东回来再看吧。”徐绍青和琴师彭菊生热情坚持：“田先生让演，你们想看，打通宵也要唱的。”田老出面折中：“那，就只演一折‘琵琶上路’吧。”

雪花还在飘落，沿江闹市街道已关门闭户，我们陪着田老，踏着泥泞来到空旷寒冷的剧场，台下只有我们三个观众，湘剧队待先生如家人，准备了三个竹烘笼，放在我们脚下驱寒。

轻锣慢鼓，戏开场了，由后起之秀筱艳柏饰五娘，她演的“老汉驮妻”（《会缘桥》）惟妙惟肖，长沙、湘潭妇孺皆知。她以极度的悲哀，如泣如诉演唱“描客”的段落；徐绍青饰演的张广才，义愤满腔的长段高腔“上路”，回肠荡气。两位艺术家感情真切，激情昂扬，我被感染得激动不已，这是我印象最深刻的一场演出。

次日一早，启程株洲，再乘火车至粤北韶关。演剧一队正在此演出洪深先生的《包得行》，队长徐韬抓住这难得的机会，向田老当面汇报。我们一、二队原为一个大队，血缘相亲，自有说不完的话。看戏、座谈、聚餐，感情上得到充分满足后，田老即执意前往英德前线。

终于抵英德前线司令部，由五十四军十四师师长陈石经、郑洞国盛宴款待，介绍战况。田老最善于作国民党高级军官的工作，由于他的声望受到尊重，很多人以得到先生题诗墨宝为荣，田老亦经常即席挥毫赋诗，激励他们坚持团结，抗战到底。宴后，陈、郑陪同田老骑马去桂南昆仑关战场，田老极喜驭骑，戎装佩枪，奔驰在前，我们提缰催蹬紧随。

登上昆仑山巅，极目远望，崇山峻岭，气势磅礴。南疆春来早，峭石旁几株幸存的桃树，枝丫虽已被弹皮削残，但粉红色的桃花还是点点绽放了，田老触景生情，思如泉涌，即赋《咏昆仑关》一首：

一树桃花惨淡红，雄关阻塞驿亭空。
倭师几处留残垒，汉帜依然卷大风。
仙女山头奇石耸，牡丹岭上阵云浓。
莫云南向输形胜，枢相当年立大功。

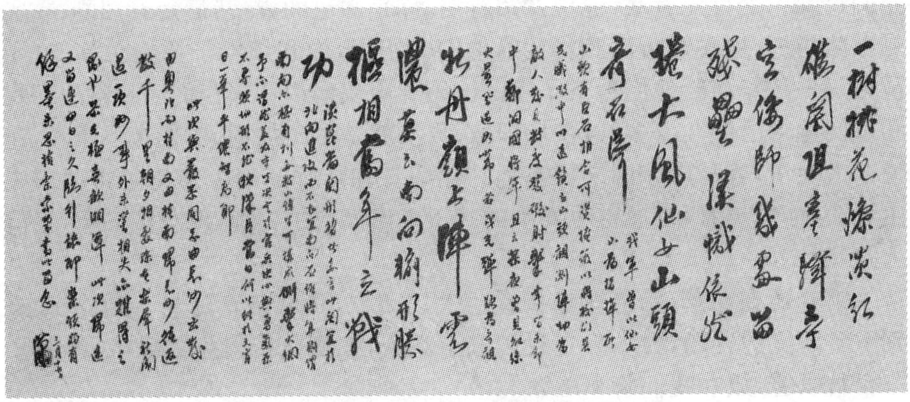

田汉 1940 年 3 月 16 日于湘潭手书赠严恭的横幅《咏昆仑关》

返回湘潭，已是 1940 年阳春三月仲，我一直惦记欣赏全本《琵琶记》。田老也放松下来，同意多盘桓几日。哪知找到彭菊生，他面有难色说：“自那日晚后，艳柏着凉病倒，本来她身子就不好……”我们十分震惊，歉意油然而生。田老急问：“她现在怎样？”菊生答：“尚在家养病。”田老当即起身：“走！我们去看看她。”菊生忙阻拦，可田老已大步走出。

筱艳柏家在深巷中两间旧式木板房，我们突然造访，她和母亲甚感意外。她确是神色清癯，虚弱乏力。田老歉意地说：“不知道你身体不舒服，把你累倒了，真对不住啊。”艳柏激动地热泪滚流，忙回答：“不关那天事，都是些老病，劳你老人家来看我，实在担当不起。”我和重实更有歉意，说了些抱歉和宽慰的话，怕累着她，告辞了。

路上，田老一言未发，回到住处后，他才感慨万千地叹惜：“这个时代啊，多少有才华的艺人，都是难以糊口，贫病交加啊！……你们买些滋补药和营养品，再带些钱给她。”田老的惜才之情深深地感动着我们。

还没来得及去购买礼品，筱艳柏却向田老回拜来了。她曾于 1938 年 4 月 9 日田老寿期，正式拜了师，所以此行执弟子礼。田老特别高兴，留她吃了午饭，还特地为她点了滋补的“老姜煨鸡”。田老有感而发，即席挥毫，为她赋诗一首，并将其艺名改为“李砚北”，诗云：

闻道雄狮下北江，买舟昨夜过潇湘。
琵琶一曲人千里，扶病劳君唱五娘。

此行，未能聆听她的全本《琵琶记》，实为憾事，但两度潇湘，一曲“琵琶”，虽时隔六十六载，至今未忘。

1956 年，我到上海拜望田老，他高兴地告诉我：“严恭啊，砚北（艳柏）也来上海了。”特约相聚，三人宴后，田老忆及当年抗战烽火岁月，久久不能平抑，意犹未尽，挥毫录旧句，为我写下立轴一幅，这是后话。

离湘潭返长沙前夕，于“潇湘酒家”，田老手书那首《咏昆仑关》横幅赠我留念。夹句联缀诗解，这是很难得的。

并有跋记，原文为：

“此次与严恭同志由长沙出发，由粤北

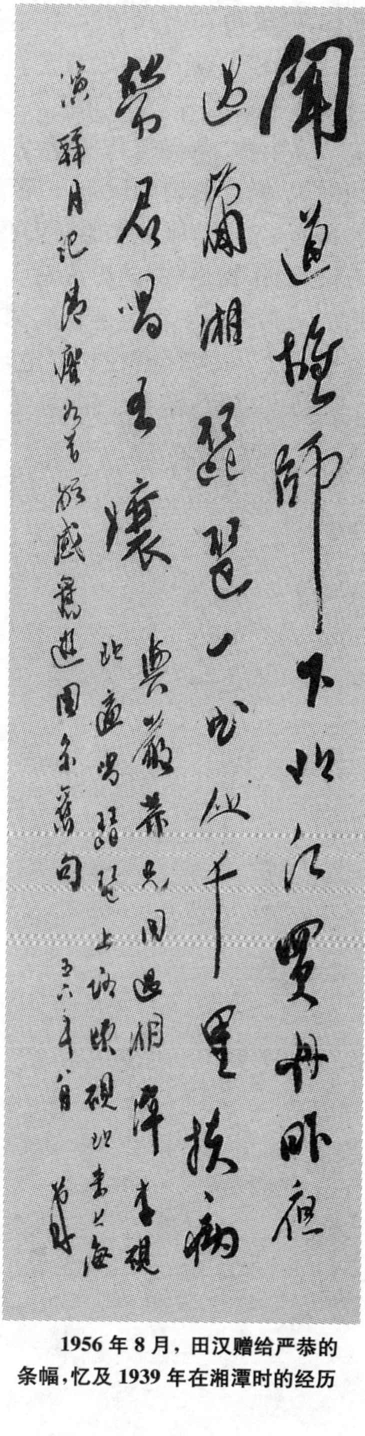

1956 年 8 月，田汉赠给严恭的条幅，忆及 1939 年在湘潭时的经历

而桂南，又由桂南归长沙，往返数千里，朝夕相处，除在乐群社闹过一次妙事外，未尝相失，亦难得之缘也。恭兄极喜湘潭，此次归途又留连四日之久，临行旅邸案头尚有余墨，未忍舍弃，索笔书此留念。田汉　三月十六日”

文中称“恭兄”，作为学生晚辈，我惶恐之至，哪里敢当！唯深为田老谦和近人、极重情谊的风范和深情所感动。我始终珍藏如宝，几次大劫难，个人物品尽弃失，唯此一直随身保存。直到“史无前例”的浩劫中，被打手们掠去，被当作我是“文艺黑线总头领”田汉的“参谋”、“副官”之铁证，整得我够呛。尤其是诗中涉及的郑洞国将军，虽然后来起义了，但曾任国民党长春警备区司令，而我又时在长春电影制片厂，更罪加一等。这也是后话了。

粤北之行，旅程千里，时近百日，三月下旬，陪田老安全抵长沙。

逆流中诞生的“新中国”

1940年长沙，组织上决定派往桂林前

1940年春，我随田汉先生回到长沙，桃李盛开，大自然充满生机。然而，国民党已从1939年12月开始第一次反共高潮，对“三厅”的钳制更变本加厉，是年2月正式下令，将各演剧队强行划归各战区反动的政治部管辖，实际上剥夺了“三厅”对文化工作的领导权，抗日宣传活动大大受到限制，接着又发生强迫演剧队队员加入国民党的事件，大家都在考虑今后应对的办法，提出应有多种准备。

自去年10月撤居衡阳，田汉先生在主持二、六队会演时，即提出筹办演剧队刊物《戏剧春秋》一事，田老亲任主编，但实际编务由杜宣负责在桂林承办。一、二、八、九等队还为经费举行了筹款义演。

4月底，杜宣来到队里，要求增派办刊力量。此时，正遇桂林欧阳予倩先生筹建广西省立艺术馆，急需专业人员。队务会经研究，决定派多才多艺能写能画的许秉铎兄、学识高深的许之乔，还有我、石联星、徐光珍五人参加艺术馆开辟工作，为二队“留条后路”，并以此为公开职业，掩护筹办《戏剧春秋》。我早就不愿受国民党政治部的钳制，欣然同意。

5月4日，我们五人依依告别了一起战斗了三年多的伙伴们，前往桂林。从此，我的事业和个人生活都有了新的变化。

但形势却越来越恶劣，1940年9月，蒋介石下令撤去郭沫若“三厅”厅长职务。新的一年更加寒冷，1941年1月，发生了震惊中外的“皖南事变”国民党发动了第二次反共高潮，3月，田老在重庆受到迫害，只能买舟远避，到湖南南岳菩提园奉母写作。

桂林，这座一度处于蒋介石与桂系军阀矛盾之间，相对阳光和煦的文化城，也变得昏暗无光。原先为呼吸民主空气而来、献身抗日救亡运动的文化人，不得不黯然离去，桂林成了一座荒漠之城。广西省立艺术馆内，顽固派对从演剧队来的同志挤压更加严重。虽是柳如烟花似海的初夏，深重的秋意却似乎早早来到，落叶哀蝉的秋声，敲击着我们的心弦。我们几乎天天在七星岩外的茶社商讨对策，领头人是杜宣，他是地下党员，此时党组织令他在桂林坚持，在新的形势下打开局面。

正在这时，原桂系的国防艺术剧社解散，社长李文钊仍想自办剧社，而且卖了房子，领到了执照。苦于没有编导演，于是主动找到我们，希望我们参加他的"新中国剧社"。杜宣和我们商量，大家通过各方了解和接触、交谈，感到李先生不是党棍特务之流，人比较正派，想搞艺术。桂林是最接近湘、鄂、粤、赣前线的后方，也是进步文化人从香港转道的必经之地，丢失了很可惜。我们有一个剧团，则能坚持这个据点，特别在这个低潮的时刻，能给西南抗日文艺活动很大的帮助，所以可以全部参加。但我们都是二十多岁的青年，没有桂系的背景，与李亦无深交，因此前途极难预料。

杜宣请示组织，上级肯定了这个行动，并从打破国民党文化封锁的战略

1941年"新中国剧社"成立时在桂林合影，一排从右至左：许秉铎（右一）、赵直（右二）、巴鸿（右三）、蓝馥馨及儿子陈德赛（右四）、苏茵（右五）、陈云（右六）、瞿白音（右八）、石联星（右九）、李露玲（右十）、周伟（右十二）；二排从右至左：纪象南（右一）、姚平（右二）、洪宗泼（右三）、严恭（右五）、费克（右六）、汪巩（右七）、张友良（右八）、蒋柯夫（右九）、王季平（右十）、李森林（右十二）

高度指示，要我们粉碎国民党对演剧队的控制垄断，建立第一支党直接领导下的剧团作为前沿据点，要求以民营的形式，长期隐蔽，坚持斗争。因为形势严峻，还特别指示：剧社内不设党支部，不发展党员。

我们决心团结奋斗，按党的指示，拼出一个新局面。于是，1941 年 6 月，杜宣、许秉铎、我、蓝馥馨、许之乔、石联星、张友良、徐光珍、岳勋烈、姚平、孙捷宣布正式离开广西省立艺术馆，共同发起创建“新中国剧社”。同时请杜宣尽快去南岳请示田老，希望他能来桂林坐镇，再到广东坪石恳请时在中山大学任教的洪深先生，来给我们导戏。杜宣卖掉了应变的二两多黄金，只身跋涉前往。

在南岳，田老听了杜宣的汇报十分赞成，他说：“孙中山先生早就说过，干革命要有‘凭藉’，也就是据点，有了就可以战斗。”他希望我们成为党领导下的“自主的、有效力的‘民间’职业剧团。在低潮时期，率先开辟新的战场。”并应诺：即去桂林和我们一齐苦斗。洪深先生也高兴地答应假期即去桂林给我们排新戏。

当杜宣满脸喜色地回到桂林见到大家时，李文钊已在东江靠近大菜园的小巷子福隆街，找到了三间十分简陋的木房作为社址，楼上作为宿舍，楼下大间作为排练场。但此时最大的问题是，原来答应投资的富商们的诺言均成画饼。工资不发我们都还能忍受，每个人都过惯了苦日子。但饭总要吃的，李文钊连太太的金镯子也卖了当伙食费，支撑得十分艰难。

剧社要尽快演出，成了打开局面、扩大影响，乃至吃饭的首要之举。紧张之中，偶从邵荃麟同志“文化供应社”那里得到陈白尘先生的新作《大地回春》，喜之过望，立即开始筹备。此时，已是 9 月下旬，此戏必须赶在 10 月 10 日——“抗战文艺家协会”定的“戏剧节”上演，真正排戏的时间只有十余天。

7 月到 9 月，陆续有韦布、蔡子、王季平从贵州应约而来。原在各救亡团体的蒋柯夫、费克、曹珉、巴鸿、李露玲、陈云、杨震、苏茵、赵直等人，相继参加剧社，增强了力量。

此时已是滨湖稻熟，但日军发动了二次入侵湘北之战，田老携母负爱女（玛丽）赶到桂林。田老是至孝之人，为了方便空袭时能很快背老母去躲避，选了靠近七星岩洞的花桥，在月牙山下嚣杂的东灵街上租了一栋破旧的木房。用木板担起来当床，也是用木板架起写字桌、长条凳，点一盏清油灯，这就是一代戏剧大家的寓室。

田老一到，就投入帮我们修改剧本的“突击战”之中。10 月 1 日正式开排，只有十天排练的时间，还要修改剧本，这几乎是不敢想象的，但他对艺术精益求精，一定要改好。于是，剧社派石联星坐在他的案旁，每写好一段，联星即提着“巴巴灯”（当地用纸糊的灯笼），深夜走过摇晃的木桥，沿着江边，送回剧社。深夜人寂，远处狗吠声声，瘦弱的身影步履匆匆，点点灯火映在江水中，这景象充满意境。到了剧社，立即刻印，发给大家背词、排戏。时常通宵不眠，困极了，趁没自己戏的时候，随便在什么角落打个盹。排练时，田老再到现场修订，后来突击《再会吧，香港！》时，田老干脆在蜡纸上直接写剧本，其功力、才智使我惊诧、敬佩不已。

此戏主要是由杜宣执导，田老始终临场排练，亲任总导演，这在他的艺术生涯中不多见。最后的彩排只能在剧场最后一场电影放映之后进行。寒意袭人，我们在台下拢了一盆炭火给他聊以御寒。直至天边透出第一缕曙光，我们拥着田老走在刚通车的漓江大桥上，缭绕象鼻山的薄雾像轻纱正被晨风撩散，江面霎时闪金亮红，连日来的疲劳顿消。

田先生兴致颇高地问：“你们饿不饿？”

大家这才想起，他通宵没吃一点东西，歉意顿起：“啊呀，田老一定饿坏了。”

田老一笑，眨眨眼睛：“走，到月牙山找巨赞法师去，让他请我们吃素面！”

大家立刻欢叫起来。巨赞法师热情接待了我们这群不速之客，还特意拿出寺庙的特产——用竹筒作的“月牙豆腐”，让我们美餐了一顿。

《大地回春》演得还不错，但因为影响没打开，营业只能持平，没想到李文钊临时拉来投资的“小大亨”冯某，坐在票房里早就将钱席卷一空。

当日演出完毕，社员就没米下锅了，这预示我们今后都要生活在经常没钱吃饭的状态中。社员们对这种状况提出质疑，李文钊亦深感当前民办戏剧的困难，他已变卖了全部家产，负债累累，自觉不能支撑。于是经友好协商，登报声明，他自愿退出剧社，将布景折为所欠工资，今后新中国剧社经营由社员自理。

就在这风雨如晦，漓江上空阴霾密布的气氛中，在党直接领导戏剧运动的战略部署下，我们真正有了“自主”的剧社了！大家欢呼雀跃。这并非是“少年不知愁滋味”，每个人加入演剧队时就深知：以演戏谋生活，难！否则，为什么“戏子”被视为“辱门败户”、“下九流”呢；而在国难当头，哀鸿遍野的状况下，更难！民不聊生，有多少钱用来看戏呢？进而，在国民党高压下，演抗日民主的戏谋生，难上加难！但我们恰恰不是以戏谋生的，也不是“艺以乐”给予群众单纯感官享受为目的的，宣传抗日是民族的使命，反对国民党反动统治，完成党的任务，为建立新中国奋斗，这是我们的政治理想。新中国剧社就是我们的阵地。

跟演剧队一样，大家都是剧社的主人。第一次会议，无记名投票选出新的理事会，第一任理事长为韦布兄。大家一致同意：社徽以骆驼为标志，寓意为“任重道远”，从此我们踏上了艰难困苦的路程，然而精神上充满振奋和愉快。

虽然风狂雨骤，但是阻挡不住幼苗的生长。伴随着新中国剧社的诞生，我个人的生活也发生了可喜的变化。在桂林，我遇见了一位文静、娴雅的姑娘——蓝馥馨。

馥馨生于1917年2月6日，祖籍福建闽县，父亲是银行的小职员。她出生在北京，后随家迁居上海，是家中最小的三妹。因为家境艰难，从小就被送入教会的寄宿学校，在那里度过了童年和少年，由此养成内向、自强的性格，对旧社会的黑暗、不平等极为痛恨，自然走入争民主求解放的革命队伍。

她的两个姐姐都很有作为，大姐蓝兰很早就投身上海影剧事业，三十年代就成为明星，姐夫孙师毅与夏衍、田汉一起工作。他为电影《新女性》、《白云故乡》等影片作的歌词，传唱一时。抗战时期，周恩来副主席曾通过他广泛联系文化人，他参加了以郭老为首的“三厅”工作，“三厅”改组为“文化工作委员会”后任委员。二姐薛萍（蓝馥珍）是上海“学运”的骨干，很早就加入地下党，二姐夫刘进中早在1925年就被党中央派驻“共产国际远东情报局”，是我党早期安全保卫工作的重要成员。

1939年，蓝馥馨在桂林《救亡日报》工作时的留影

馥馨倔强，不愿依靠大姐，1937年考上江苏省立社会教育学院电影电播教育专修科，这是一所师资力量较强，学科先进的大学。抗战爆发，学院由无锡迁往四川壁山县，她受抗日热情的驱动，决心投入民族救亡的斗争，遂肄学于1939年，到桂林参加夏衍领导的

《救亡日报》。该报是以公开面目出版的党的南方局机关刊物，我党的舆论阵地，成员没有工资，吃“大锅饭”。正当她全身心地投入到愉快的工作中时，1941 年 2 月 28 日，《救亡日报》因为拒登国民党污蔑“皖南事变”中新四军的专论，在反共高潮中被迫停刊，夏公躲避特务追捕远渡香港。馥馨又一次失去了“家”，遂参加了欧阳予倩先生领导的广西省立艺术馆，任演员和技术员。

1941 年 5 月 3 日在桂林的结婚纪念照

我是个外向的人，从小“野”惯了，又是米店学徒出身，性格粗放，但是一见到气质温文尔雅的馥馨，就觉得她是自己一辈子要找的人生伴侣。永远忘不了我俩在松竹点翠的象鼻山下，在碧水蓝天的漓江边，携手漫步，低语放歌，我们有共同的理想和追求，越谈越觉得有说不完的话。奇怪的是，我们生活经历截然不一样，却有同样的爱好，只能用“天作之缘”来解释。经过一年的了解，我们决定把命运永远结合在一起，在人生路上互相搀扶着去奋斗。1941 年 5 月，鲜花锦簇的时候，在如诗似画的桂林，我们结婚了。同时，我俩的命运也和新中国剧社紧紧联在一起。

雨中的“草莽英雄”和大师们

从1941年到1947年六年中，新中国剧社一群“骆驼”们辗转湘、桂、黔，滇、苏、沪、台湾七省市，跋涉千万里。仅在1941—1945年间就演出三十六台多幕剧、十二出活报剧、四台大型歌舞晚会，共计五十二台节目，平均每年新排练十三台，约一个月零几天就有一台新戏在排演和公演之中，按每个戏演出二十余场计，每年约三百余场的演出。这里不包括街头活报剧，帮助兄弟团队演出，给学校、工厂排练演出大戏，如帮助“昆明电厂”工人排演陈白尘先生的名著《升官图》等。至于小戏、歌咏、联欢则不计其数。

然而，这些戏的排练都是在怎样的环境下啊！那时连电费都交不起，于是黑暗中，每个角色手持蜡烛走位置，对台词，朦胧摇曳之间，恍如梦中幽魂；或者用几千年前老祖宗的办法，以竹筒上放一铁勺，中置棉捻，用劣质油照明，满屋的黑烟。忘了词的人，就灯去看剧本，于是果戈理剧中的“贵妇人”，脸上就熏了几道黑，戏毕大家相视而笑。剧社初期在桂林福隆街的住房，房间很小，导演要退出门槛，演员才能勉强走动排戏。

1946年在昆明演出《草莽英雄》，蓝馥馨饰女主角罗大嫂

1946年，夏衍同志根据“昆明事变”龙云被夺权，和蒋派嫡系部队血腥镇压民主运动的形势，特选了阳翰笙同志描写辛亥革命，以史喻今的剧作《草莽英雄》，请洪深先生执导。为利用敌人的矛盾，使戏顺利演出，洪先生特请云南帮会老大——龙云的三公子的结拜兄弟们来

看彩排。在景虹街宿舍的天井里做排演场，“贵宾”们坐在屋子里看，时值岁末寒冬，还给他们拢了炭火盆。不料演出中下起冬雨，身着单衫的演员淋得湿透，寒彻入骨，这些“老大”们都几次劝停，大家却精神饱满，一丝不苟。戏毕，江湖头面人物都竖起大拇指连赞演员的“义气”和“忍功”。于是，他们属下的喽啰、流氓（也多兼特务），都没来捣乱，还破例地掏钱买票看戏。

在这个戏里，馥馨演女主人公罗大嫂，由于她的勤奋，艺术水准日益提高，已经能够个性化地塑造不同类型、气质的人物；英俊的高博演男主角罗大哥，明丽能干的熊伟演陈三妹，我演革命者唐贤彬。

至于连续几十个小时装台，在逃难的恶劣的条件下演出，更是经常的事。岳勋烈等人就曾昏倒在台上。

所幸的是，我们得到了那个年代最著名、艺术成就最高的大师们的关心和帮助。看看我们演出的大戏，多为时代的经典：陈白尘的《大地回春》《卖油郎》、田汉等人的《再会吧，香港！》、田汉的《一代名优》《秋声赋》、沈浮的《重庆二十四小时》《金玉满堂》、曹禺的《日出》《家》《蜕变》、洪深的《黄白丹青》《鸡鸣早看天》、于伶的《女子公寓》《心狱》、魏如晦的《海国英雄》、夏衍等的《戏剧春秋》、阳翰笙的《草莽英雄》、吴祖光的《风雪夜归人》《牛郎织女》、宋之的、老舍的《国家至上》、欧阳予倩的《桃花扇》等。

当时号称“戏剧三剑客”的田汉、洪深、欧阳予倩，都曾眷顾我们这年幼的剧社。洪老逢请必欣然应诺，正像他说的：“救新中国剧社于水火之中，我不能不去！”的确，这已经超乎艺术上的求教，而是苦战中请出拯救的巨将，大师们则是甘愿与我们一起自蹈水火。

1942 年早春二月，田、洪、夏三公自告奋勇地昼夜奋战，连手创作《再会吧，香港！》，由洪老执导，但当局出尔反尔，再三审查颁发了“准演令”后，戏正式登台只演了一幕，大批军警即强行闯入禁演。洪老沉痛地带领全体演员向观众致歉，强烈地指责反动派。全场观众沸腾抗议，纷纷将手中的票撕碎，不去退钱，以示支持。事后，洪老知道剧社的困窘，竟然自己卖掉御寒的大衣购买车票，悄然离去。我们赶到车站，看到寒风中的他，不禁潸然泪下。

特别要提到的是田汉先生，这六年，他始终伴随剧社经历风雨坎坷，为我们挺身而出，四处奔走；对我们殷殷教导，指出解决问题的办法。我们的痛痒喜怒哀乐他时刻记挂在心上，可以说，没有田汉就没有“新中国剧社”！

大师们坚定的斗争意志、高风亮节的品格，引领我们成长，而他们不同的艺术风格，又滋润、营养着我们这些艺术后生。那时，我们每台戏的排练只有十几天，他们紧密结合社会的现实主义创作方法虽一致，但每位名编名导的特点各不相同：田老抓住重点，豪放挥洒充满诗情画意，尤以“歌”声名远播，他自谦为“话剧加唱”，其实都是他抑制不住的豪情和高深诗词功力凝练的舞台珍品。剧社 1942 年岁末首演他的《秋声赋》，表现知识分子从个人苦闷走向革命事业的升华，其主题歌《落叶之歌》，由嗓音圆润、富有民族韵味、有才华的年轻女演员朱琳(特从九队借调)演唱，霎时传遍漓江两岸。其歌词情景交融，意境优美：

草木无情，为什么落了丹枫？
像飘零的儿女，悄悄地随着秋风。
相思河畔，为什么又有漓江？
夹着两行清泪，脉脉地流向湘东。
啊……
秋风送爽，为什么吹皱了眉峰，
青春尚在，为什么灰退了红唇？
趁着眉青，趁着唇红，
辞了丹枫，别了漓水，走向湘东。
落叶儿归根，野草儿朝宗。
在大众中生长的，应回到大众之中，
他们在等待着我啊，那失去妈妈的儿童。

欧阳予倩先生的风格则是细腻抒情，对民族戏曲精华的融会，使每次排戏都成为美的享受；洪深老则是别具一格——口授剧本创作，是按整体构思一个场次一个场次地写，有时先写后面的场次，包括场面调度、人物上下场、布景氛围都一并叙出，而不是一句句台词顺序写，其构思缜密，才气横溢，妙语连珠，思路敏捷，使人惊叹、敬佩不已；章泯来社时，正值翻译斯坦尼斯拉夫斯基的《演员自我修养》，他译一章，我们就立刻刻印一章，人手一份，如获至宝。瞿白音翻译了斯坦尼斯拉夫斯基《我的艺术生涯》，馥馨从小在教会学校寄宿，英语甚得真味，她亦翻译了华克坦戈夫《我所要求于演员的》等文。在学“斯氏体系”上，我们居然“偏得领先”了。

古人求访名师，须“程门立雪”、“慧可断臂求禅”，吾辈却有幸经常得到名师上门教诲，现在怕已不可能如此。这也只是在那种频繁苦斗的时期才能有的美事，正所谓“有失有得”啊！

“名城盛会”与“枪弹下的歌声”

1944年，与西南剧展同时举行的戏剧工作者大会全体合影。大会主持人是欧阳予倩、田汉

1944年值得大书的事是“西南剧展”。田汉先生当时深感诸多戏剧团体比抗战初起“‘魂’已殆失”，这是因为当局的高压、社会风气的腐败、商业化庸俗化的追求所致，因此，他于1944年4月21日发表了“祝西南剧展兼悼殉国剧人”的振聋发聩之诗作：

壮绝神州戏剧兵，浩歌声里请长缨。
耻随竖子争肥瘦，堪与吾民共死生。
肝脑几人涂战野，旌旗此日会名城。
鸡啼直似鹃啼苦，只为东方未易明。

他大声疾呼“魂兮归来！”。这“魂”就是艺术为民族、为抗日的精神，为民请命抗争的胆识。

这意图得到党的西南局的肯定，于是，由田汉、欧阳予倩主持，预备将“桂林戏剧节”扩大为西南戏剧盛会，其实也就是当时的整个的后方，乃至全中国的戏剧盛会。当时听起来，这几乎是“乌托邦”的梦想。

瞿白音代表新中国剧社首先倡议，瞿白音长期担任理事长和主要导演，对剧社的坚持、发展和艺术水准的提高，有极重要的贡献。白音1934年为左翼剧联南京分盟的创始人和领导者，我当时即在他领导下进行剧运活动。1941年新中国剧社成立之初，急需有具体掌舵之人。经组织同意，我和许秉铎连求带请，力促白音兄加盟。1941年11月底，他终于从成都到桂林，直到抗战胜利后的1945年11月，整整四年，我们始终苦斗在一起。大家都尊称他为“二哥”，在他孱弱的身躯中，蕴藏着无穷的精力和热情，其经营和社交的能力，成熟高超的艺术造诣，对剧社的成长起了很大作用。他秉承二公的意旨，用几近狂热的努力，在无资金、无场地，什么都没有的状况下，具体策划、运作，并和广西省立艺术馆的田念萱同志，实际负责全部组织工作。“西南剧展”终于在1944年2月15日如期成功举行。

这是一个历时三个月零十天的空前浩大的盛会，来自湘、鄂、赣、粤、桂、黔、川、滇，以党领导的演剧队为主干的约三十三个团队，“旌旗同日会名城”。他们大多经过艰难跋涉，如九队，几经斗争方得批准。有的队则变卖了私人物品凑成旅资，有的甚至徒步从江西走来。

参加“西南剧展”的896名戏剧工作者，加上工作人员共千余名，演出了话、平（京）、湘、楚、粤、徽调、桂剧、傀儡戏和花灯等地方戏，和苗、傈、瑶、侗等少数民族戏剧，包括歌舞、马戏、杂技共177场演出。“西南剧展”还举行了20天的展览，有各队、团文献375件，照片、统计图表、舞台模型、舞台灯光技术发明、剧作家手迹、京剧、桂剧珍贵孤本、脸谱等共576件。

仅从1937年到1944年的统计，当时被国民党当局禁演的剧本为84个，“删改后方可放行”的为238个，“准演”的仅为72个，而定为“优良”的少到只有13个，可以深切感到演出抗日戏剧的艰难。但从另一方面可以看出，进步戏剧力量的强大，牢固地占据了时代主流的地位。

“西南剧展”召开了17天的全体戏剧工作者会议，形成了“宣言”及“剧人公约”，并以多项“提案”的方式从各方面向国民党政府抗议、斗争。党领导的团队的队长们，亦趁此难得的机会，秘密集会，听取上级指示，研究今后斗争策略及发展方向。

新中国剧社演出了压轴戏《戏剧春秋》（夏衍等作、瞿白音导），描述了剧人坚持剧运的辛酸艰难。我有幸，饰演主角陆宪揆。其实，这近千“戏剧兵”

1944 年在"西南剧展"上演出《戏剧春秋》，严恭饰男主角陆宪揆（中）

（田老诗句），在桂林不是合演着宏伟的"戏剧春秋"么！

"剧展"得到各界的资助和无偿帮助，主管后勤工作的蒋柯夫同志几乎没花什么钱。观众踊跃看戏，送上了热情的掌声和激动的泪水，并纷纷写信、送物致意，甚至寄现金以示支持。

"剧展"受到《新华日报》等各大报的关注，包括苏联、英美报界均有专论。美国戏剧评论家爱金生在《纽约时报》上撰文感叹中国人的潜在能量："在战时的状况下，居然能办这么宏大的剧艺汇展，这是只有古罗马时才出现的盛事。"李济深将军则指出："抗战中各方面的事，如都能像剧展那样去作，那无论军事、政治、经济，我们都有办法。"

"剧展"检阅、显示了抗日艺术工作者的力量和决心，彰显了民族戏剧之"魂"，交流了斗争经验，增强了团结，鼓舞了信心，提高了艺术水平，在我国戏剧史上留下了辉煌的一页。田汉先生在开幕大会上致词，充满感情地说："戏剧工作者是一大批'傻子'，假使没有这批'傻子'，便没有今天这个局面。"个中人更能体会到话中艰难、辛酸的滋味。新中国剧社为筹集资金举行了募捐演出。剧展大会六个部，其中五位主任是"新中国剧社"成员，全体人员从 1943 年末就投入到"剧展"各部门工作，断绝了收入。馥馨在播音组，我主要在"演出部"工作，联系剧场，安排组织百余场的演出亦甚费力。我们这批"傻子"争着找苦吃，还自得其乐。

新中国剧社和演剧队同根同源，老作风始终没因"职业剧社"而变，无偿深入民众宣传抗日都视为份内的工作，尤其在昆明与"民主堡垒"的西南联大[①]亲如一家，亲历了载入史册的、轰轰烈烈的“争民主、反内战”热潮。

1945 年 11 月 25 日，在联大“民主草坪”，张奚若、费孝通等教授举行时事讲演会。国民党邱清泉部，假演习之名，在东北方向的小山上架起机枪、步枪、小钢炮，向会场上空威慑性扫射。枪声稠密时，所有的人都伏在地上听讲，坚持进行，而联大英勇的“高声唱”歌咏队（指挥黎高民），依然领着全体师生高唱：“我们反对这个，我们反对这个！这违反人民，进攻人民的事！……”等歌曲，在子弹横飞，呼啸着掠过头顶的时刻，数千人同声放歌，针锋相对，真是“惊天地、泣鬼神”。

这首《我们反对这个》和《民主是哪样》，都是新中国剧社创作首唱的（孙慎曲，力扬、李仁荪词）。还有广为流传的，由我的老友，音乐、戏剧、编导演俱精的全才优秀艺术家费克作曲，樊赓稣作词的《五块钱》、《茶馆小调》，更成为时代的经典。以至于当时一经传唱，他们立即遭到特务的追捕。

震惊中外的“一二·一”惨案和暗杀李公朴、闻一多先生事件后，大家更是悲愤填膺，直接参加纪念烈士的《潘琰传》话剧的演出，该剧由张客导演，剧社承担全部的舞台装置，还挽手并肩参加了示威游行。值得提及的是，田汉、洪深先生毫无畏惧地走在教授第一方阵中。

联大剧艺社诸热血学子，包括闻一多先生的长子闻立鹤（后为保护父亲被特务开枪击为重伤），为防特务袭击我们，经常深夜护送我们回宿舍。1945 年 11 月，在剧社分流、人员锐减的困难时刻，他们在联大紧张的考试期间，又不计报酬地担任群众演员和舞台装置工作，使演出能正常进行。每忆此，常怀深深谢意。与西南联大剧艺社肖荻、王松声、孙同丰、裴毓逊、汪兆悌等诸君的友谊，一直延续到半个世纪后的今天。

---

① 国立西南联合大学的简称。抗日战争期间，为保存中华民族教育精华免遭毁灭，华北及沿海许多大城市的高等学校纷纷内迁，其中最著名的是国立西南联合大学。西南联大是由北京大学、清华大学和南开大学联合而成，是当时中国规模最大的著名高等学府。1938 年 4 月迁至昆明，5 月 4 日开始上课。办学 8 年中毕业学生约 2000 人，均学有成就。抗战胜利后，1946 年 5 月 4 日西南联大解散，三校分别迁回北京、天津复校。

“马戏团”与“小醉鬼”

1942年5月，新中国剧社正在桂林“国民大戏院”紧张地上演《风雨归舟》，馥馨却已临近产期。当时剧社因《黄花》一戏现实意义不强，主动停演，改排的《再会吧，香港》又横遭禁演，几乎损失了所有本来就少得可怜的资金，一日三餐都东挪西借，哪里还有钱付住院费。正在我这个应该担起责任的“准爸爸”急得无法时，夏衍先生知道了，找到我们，亲切地安慰馥馨，并亲自领我们到七星岩广西省立医院去。原来，他的外甥女在那里当产科大夫。夏公当面嘱托她：“新中国剧社穷，收费上优待些。”馥馨是个很老实、内向的人，第一次临产，很害怕。夏公像明白她的心思，又郑重叮咛外甥女：“你一定要亲自给三妹接生。”我们这才含着泪笑了。馥馨的大姐蓝兰是明星公司的名演员，她在上海帮党的“文委”作了不少工作，因寓所在英租界，夏衍、于伶诸公逃避抓捕时，多有藏匿于此。大姐夫孙师毅又是“左翼”影剧人，所以夏公很早就认识馥馨，且馥馨又曾在他领导的《救亡日报》工作过，为此，亲切地称为“三妹”。

1942年8月16日儿子百日时全家在桂林留影，图中严恭正为演出《钦差大臣》留着长发

充满活力和生机的五月，花团锦簇的五月，似乎和我与馥馨结下美缘。在五月，我到了桂林，初识了让我心跳不已的馥馨；又一个五月，我们组成了小家庭，立誓苦

乐同享，白头偕老；第三个五月，四日中午，我气喘吁吁地赶到后台，准备参加日场演出。哪知夏公早就在那儿等着我，他见着我就问："三妹怎么样？"

我高兴地告诉他："生了！一切都很好，是个男孩。"

夏公高兴得连说："好，好！"随即又风趣地说："今年当局不准纪念'五四'青年节，我们可又添了个小小青年。我看，就取名叫'德赛'吧。"

"德"先生与"赛"先生——即"民主与科学"，是"五四"时两面大旗。我很感激，连声道谢。剧社的朋友们也都高兴欢笑。忆及至此，我的眼里又含着热泪。夏公啊，我们怎么能不怀念您！

其实，领导我们的前辈都是"老吾老以及人之老，幼吾幼以及人之幼"的中华优秀传统道德的典范，又是革命队伍中可敬可亲的长者，甚至到了"先人后己"的境界。1944 年 11 月，桂林、柳州相继失守，十余万人被迫湘黔大撤退，其状惨不忍睹。剧社好不容易逃到贵阳，朱琳、联星带着孩子，急于到重庆，但车票竟是两条"黄鱼"(金条)都买不上，正当他们一家绝望的时候，田汉先生气喘吁吁的送来两张票。他们俩挤在车窗旁，满心的感激话，对着田先生说不出来，哽咽着，泪流满面，田先生却只是叮咛他们带好孩子。可是田先生自己一家都没离开贵阳，包括他心爱的玛琍。这样的义举，怎么能不让人永记在心呢！

新中国剧社赶排《秋声赋》(田汉编剧、瞿白音导演)时，有八九天早上连稀饭都没得吃，中午和晚上的菜就是八个人一块豆腐乳。没米下锅不能按时开饭是经常的，有时下午三四点钟还没开午饭，大人还理智些，孩子却不能忍耐。只要有一个哭起来，霎时哭声一片，做父母的听得心像刀割，眼泪不住地流下来。

于是，一个别致的"马戏团"就成立了，"主演明星"是石联星、巴鸿、李露玲、岳勋烈，他们用脸盆当鼓，传声筒当喇叭、口哨当笛子，各施绝技。尤以联星的"走钢丝"惟妙惟肖，笑料百出，与卓别林不分伯仲，使孩子和大人暂时忘掉了饥饿。

然而"暂时"究竟不能"持久"，在那烽烟弥漫的岁月里，孩子们因其孱弱，受的苦难数倍于大人。每当演出时，无论风雨严寒，后台的服装箱就是他们的"摇篮"，而那时后台只不过是敞露的布篷、四面漏风的庙台。伴随他们入眠的绝少有温馨的"催眠曲"，而是台上的效果声和风雨声。尤其是悲惨的十万人"湘黔大撤退"中，他们也只能与父母一样在仓惶奔波后，蜷缩在潮湿的地上，经受长期劳累和营养不良。在贵州安顺，天才音乐家费克不仅自己染上 TB(肺结核)，更使人唏嘘不已的是，他可爱的儿子小弟和女儿圆圆，竟然在一周内相继夭折，以其弱小的生命为抗战戏剧事业做出牺牲。这真是一座既不安又不顺的“愁城”啊（在此时正演出《愁城记》）！

孩子啊孩子！其实更加痛苦的是母亲们。她们心里的焦急和痛楚，其深其重甚至是不能言状的。同时，孩子们也牵动着全剧社人的心。剧社决定，只要有钱开伙，就要从每人菜金中抽出一角钱，单独为孩子们买点瘦肉、猪肝，为没奶水的妈妈们买些猪蹄熬汤，孩子的医药费为剧社支出的首项。剧社每个人都把孩子看成是全剧社的宝贝，后台工作人员的另一项“任务”，就是谁有空谁就照顾台上演员的孩子。战时西南，山路颠簸，汽车十有九辆超载，负责带孩子的女同志急中生智，用绳子把每个孩子牢牢系在自己腰上，以示和孩子同生死的决心。

那些苦难的岁月也常带来欢笑。我初当爸爸的时候，同样要承担大量的洗尿布的“光荣任务”，但我经常担当演出的主要角色，又兼负舞台监督，况且也没钱买肥皂。无奈之中，想出偷懒的办法：一清早就抱起尿布，夹着剧本，跑到漓江边，把尿布放进江中，用石头压住，自己就专心看剧本、背台词。以后，发展到洗衣服也如法“泡制”，居然被别人公认是有创意的“伟大发明”。于是，清晨的漓江边，形成“新中国剧社”独有的风景线。

1945 年冬，儿子在昆明《大雷雨》海报前。旧毛线织的背心、不合身的衣服，典型的演剧队孩子的装扮

我和馥馨的儿子，是剧社的第一个孩子，所以更加受到大家宠爱。由此竟生出“小醉鬼”的趣事：湘潭是全社最喜爱的城市，在那里的一天，突然发现孩子满脸通红，浑身也烧得发烫，却又查不出什么毛病，睡得十分香甜。急得我俩不知如何是好，大家也关心地围过来议论，在查找我俩排戏的时候都发生什么事时，突然馥馨俯下身一闻，儿子的小鼻息之间，居然喷出酒气，还发出“醉鬼”的小鼾。原来湘潭的“酒酿”是特产，一小碗一小碗，白生生的糯米粒上，浮着澄黄的淡米酒，沁甜怡人，香气微醺，而且很便宜，男女都很爱吃。于是这些没当过爸爸妈妈的人，这个走来喂一口，那个又捧着碗塞一勺，竟硬把我儿子“灌”醉了。

“两条小告示”的故事发生在桂林，也是突然间儿子肚子骤痛，撩起衣服一看，小肚子鼓胀得像倒扣的锅，只得慢慢给他揉，不一会就泻肚子。仔细一看，居然都是柚子籽。广西的“沙田柚子”是有名的，原来，还是这些宠他的叔叔、阿姨由爱惹的祸。我和馥馨又好气，又好笑，又无奈，可我们忙得没时间总看着儿子，于是，第二天，仍然期望得到美食的儿子，却发现那些拿着柚子等食物的叔叔阿姨，亲热地喊着他的名字跑过来，一到身前却马上把美食背到身后，快步走了！原来，在小儿子的胸前和背后，别着“两条告示”，上面写着：“亲爱的叔叔阿姨，昨天我的小肚子都痛了，请不要再喂我吃东西！”显然，这是他很失意的日子。

我们的孩子就这样长大了，但在旅湘公演中，他突发高烧，无法得到很好的医治，严重地损害了视力，有一只眼睛几近失明。

“袜子风波”与“合刊饭”

1945年3月，剧社为谋求发展，决定由贵阳转往因有“西南联大”而号称“民主堡垒”的昆明，但又没钱解决交通问题。于是又用“嫁祸于民”的老办法——由社员个人设法自行到昆明集中。每个人都毫无怨言，各自想办法，从寻亲访友到卖艺筹款。苦熬两个多月，像是高尔基所撰《丹柯的心》中的丹柯，一心向往着“新中国”。至5月，全体人员又重聚在昆明翠湖旁。

1945年5月“新中国剧社”在昆明翠湖边重新聚集，后排右一、右二是蓝馥馨和严恭，右三蒋柯夫；二排右二陈云，右三袁之远，右五汪巩，左三熊伟

我和馥馨带着儿子是三月份赶到昆明的。岸柳如丝，鲜花似锦的春城，阳春三月绽放出自己全部的妩媚，农历二月二十日，恰逢田汉先生四十七岁生日，在学院坡红花地叶露茜家里（杜宣时在外地）为田先生祝寿，酒酣之时，他挥毫赠在座诸君每人七言绝句一首，其中，给王季平的是：

慷慨犹存未白头，剧人宁为稻粱谋。
相逢又是春回日，借问于今有袜否？

这又是一出笑话：《大地回春》演出时，季平饰一绅士，穿上好不容易借来的西装，蛮像那么回事。演出时，他的自我感觉越来越好，哪知，当他坐在沙发上潇洒地跷起二郎腿时，本来全神贯注、鸦雀无声的观众，突然爆发出哄堂大笑。他自己莫明其妙，同台的人赶紧找原因，一看，也禁不住笑场。原来，是他老兄光着脚没穿袜子。事后，季平当然受到严厉地批评，他沉默了一会，只委屈地嘟囔了一句："我根本就没想到要穿袜子。"大家都不做声了。的确，剧社长久不发津贴(从来没工资这一说)，偶尔发了，也只够买点肥皂等必需品。小伙子们则首先解决饥饿问题。袜子成了奢侈品，很多人长年不穿，已经忘了这个习惯。后来，还是韦布理事长脱下自己的袜子给他，保证了以后的演出。

这就是我们困窘的生活，甚至经常是老伙夫走到排演场，用湖南话说："今天没米下锅了，各位自想办法吧。"然而，常常是眼看着像韦布兄说的：真就要"枵腹从公"，饿殍满屋了，最后又找到了米，吃上了"合刊饭"——当时杂志经常脱期，等下几期，则注明是"合刊"。而这每顿"合刊饭"，说起来都不能不令人激动。

1941 年 10 月，剧社所有权刚归社员所有，就没米开伙了。正在走投无路的时候，田老送来一张纸条，让我们赶快去领米。我们这才用石头架起锅，由吴枫掌灶，做出了"新中国"创业的第一顿饭，尽管是连糊烂兼带夹生。后来得知，原来这米是田老跑到李济深将军那儿，"求"了几包军米。在四年中，他多次向纺织企业家章东岩等人借钱，向米店赊账，经常是半担给文艺歌剧队(京剧、桂剧)，半担给新中国剧社。

田老在贵阳曾感慨万千地赋诗：

爷有新诗不济贫，贵阳珠米贵如薪。
杀人无力求人懒，千古伤心文化人。

对于铮铮铁骨的他来说，一生从未为自己乞求过什么，哪怕是在生命危急的时刻，这是历史见证了的！然而，这里一个"懒"字，透出多少艰难和无奈。至于约社员到他家里吃饭，或干脆把家里米缸倒空给剧社，更是无法计数。后来，我们得知"事母至孝"的他，竟然把老母亲的皮袍都卖了，权充米资。

1946年田汉(二排右二)与新中国剧社成员合影于昆明景虹街社部。严恭抱着儿子在前排中间、三排右一蓝馥馨

他还做出些令我们着实吃惊的举动。一次,他拿到稿费,就兴高采烈地请我们去吃米线,吃完打开信封一看,还不够几碗米线钱,众人面面相觑,幸得老板敬其为人,全予减免,方得脱身。出得门来,田老孩子似地哈哈大笑,似又回到南国社“波西米亚人”浪漫的时代;另一次,他搓着手喜悦地要给我们“加点油水”,大家争先恐后、嘻嘻哈哈地拥着他走了一段,抬头一看,哪里是饭馆,是一座豪华宅邸,还有全副武装的卫兵戒备森严,此时各型轿车正相继驶进。原来是李济深将军设宴,只给他一个人发请柬,他却自作主张,拉了我们二十几个人来,还郑重地向李将军介绍,令我们大快朵颐,使久缺油水的肚子真的补充了能量。

就在给我们送来几包米的十几天以后,也就是1941年的除夕,田老却突然发现:默默操持家务的老母亲,竟然没告诉自己,家里连一两鱼肉也没买。屋漏偏逢连阴雨,敲门而入的是要债的米店老板。很快,田老被年关逼债,无法过年的消息传遍桂林。各界的朋友们纷纷送去过年的物品。剧社没什么好东西,自古“秀才人情纸半张”,我们又不敢在先生面前“班门弄斧”,于是精心制作了一盏玻璃灯,以示对他给予我们帮助、启迪的感谢。

田老，您这可敬可亲的大师，让我们怎么能不敬佩和感念啊！

当然，日常的更大量的困难，必须由剧社来解决。这个重担就落在理事长和管理后勤的诸友身上。值得大书的是杜宣同志——这领头的“骆驼”，作为党的代表，他在剧社创建时期，为贯彻党的指示，掌握发展方向，争取社会力量的支持，做出了巨大的、无可替代的贡献。直到1943年，他被叛徒出卖，遵组织令迅即离社接受新的任务。那段时间，每当管理生活的韦布焦头烂额地向他悄悄摊开双手，示意又没有买米钱的时候，他都是点点头，跑出去，过一阵拿回够三五天生活的钱来。然而，从来不说这钱是从哪里来的、怎么来的。我们只知道他的家和我们大家一样贫寒如洗，且有一长年患病卧床的妻子。有一次，他正是把妻子珍藏的、娘家给预备救命之用的金手镯卖了，救了剧社之命。其他的几位“队官”同样如此，他们去四方求助、借贷，到底借了多少，是怎么偿还的？都是个“谜”，因为这许多是以他们个人的“人情”或挪凑来解决的。

这就是演剧队建队以来的惯例，当“队官”，就意味要负责解决大家的工作、生活费用，而个人利益却是绝对平均主义。回首当年，真想象不出他们是怎样使剧社支撑了六年多，而且演出近两千场次。杜宣、韦布、汪巩、蒋柯夫、石炎、姚平、张友良诸兄，你们可知道大家对诸君是怀着怎样深的敬意和感谢吗？谢谢你们为剧社立下了汗马功劳！

“卢布津贴”与难解之“谜”

艰难岁月稠。从 1941 年到 1947 年，新中国剧社在六年里经受了许多危机，濒于绝境的就有六次，而且经历了 1944 年 11 月至 1945 年 5 月的“湘黔十万人大撤退”，经受了敌机疯狂轰炸，饥寒交迫，包括土匪和兵痞的抢劫、欺辱。沈瑜同志惨然罹难，牺牲了年轻的生命。剧社损失惨重，不得不丢弃几年来积累的演出器材和个人物品，老小步行，从独山走到贵阳时，一个个蓬头垢面，衣衫褴褛，形同乞丐。连田汉先生都是身上裹着不知从哪儿捡来的破军大衣，脚上的鞋子都看不出来，只用破布缠着脚，背着唯一没丢掉的一个破书包和水壶，拄着木棍，一瘸一拐地走在贵阳的大十字街上……

的确，在当时，就连舆论都在猜测新中国剧社坚持苦斗之“谜”。文化特务们更是造出了“卢布津贴”之谎言，暗示剧社“赤化通匪”。

剧社坎坷多难，并不仅仅因为战乱。1944 年“西南剧展”期间，剧社作了统计图表进行展览。尽管我们拼命演出，收入中的 86.3%为全部支出，最大项是场租和苛捐杂税，一张戏票要上 27 项捐税，甚至包括监狱犯人的“囚粮捐”，总和占支出全部的 52.8%。其它是舞台制作、服化道和宣传费。余下的部分为：生活费、伙食费占 11.7%，盈余 2%。如遭禁演、雨雪、亏损，则不但没盈余，而且长期无法弥补，险象绝境频频发生是必然的。

新中国剧社所以能在多次濒临绝境中坚持斗争，其“谜”底，首先是党的正确领导，这并非老调陈词。剧社成立即是党组织冲破国民党反共高潮、开辟直接领导戏剧活动新局面的战略部署。杜宣同志以剧社理事长的身份，具体实施党的领导，贯彻西南局的指示。1943 年杜宣离社非常仓促，其后，直到 1946 年，田汉同志始终具体指导剧社的活动。其实，从 1941 年建社起，他就没和剧社分开过。其后更加紧密，有些阶段就住在剧社，和我们一起吃白米青菜。田老 1932 年就入党，并先后担任“左翼剧联”的党团书记和中共上海中央局“文化工作委员会”委员。

在新中国剧社这六年中，周恩来副主席、中共中央西南局，始终对剧社予以领导和亲切地关怀。1938 年在长沙水风井“三厅”，周副主席接见吕复和我时即指示:“演剧队有问题,可到桂林向《救亡日报》的夏衍同志汇报。必要时,党会派人去和你们联系。”

新中国剧社建立不久,1942 年 2 月,夏公和于伶同志等人从香港经澳门,转台山至桂林,专门向杜宣和我了解新中国剧社的情况并给予指示(夏公回忆录中有详述)。剧社亦成了他们当然的“家”,夏公就住在剧社。其后,夏公又几次到桂林指导工作。

西南局先后派李亚群、周钢鸣、左洪涛、何启君等同志,到桂林对我们进行指示。我至今还记得,曾受指派,装作去漓江游玩,与“悠闲”钓鱼的中共广西省委负责人李亚群同志接头的情景。他清癯精干,眼睛炯炯有神(因此称之为印度圣雄“甘地”),我送给他准备排演的剧本和戏票,讲述工作计划并听其指示。长沙、桂林失守,剧社被迫撤至柳州,战乱之中生活无着,是左洪涛同志设法帮我们解决了困难。

每当时局转折,需明确前进方向时,我们都会得到周副主席直接的指示。在第一次反共高潮来临时,他指示“长期埋伏、积蓄力量、等待时机”的十二字方针和“勤学、勤业、勤交友”的三项任务,使我们在艰苦的环境中,明确了方向,有了生存、发展、胜利的法宝。在我们经济上陷于绝境时,他亦热情地给予实在具体的帮助。《再会吧,香港》被禁演,剧社投入的全部资金“颗粒无收”,陷入解体的绝境。杜宣急赴重庆,直接向西南局汇报。夏衍同志为难地说:周公病了,正在住院。经请示,周公仍要杜宣去位于歌乐山的中央医院向他汇报,因他在治疗中,谈得较简单。周公觉得仓促,要杜宣等几天,他出院后详细研究。几天后,在曾家岩,他详细询问了情况,指示说:新中国剧社很重要,任何困难情况下都不能动摇,一定要坚持!至于具体问题,由组织上调拨相应的资金,并请重庆的进步戏剧团体给予支持。这是周公一贯的工作作风,让你明确方向,并且帮你解决具体困难。这也是他个人魅力与亲和力所在,不管多难,见到他就有了依靠,就能前进。果然,又承中华剧艺社应云卫、辛汉文先生热情帮助,借到全部演出服装、道具,使我们度过了又一难关。

1945 年抗战胜利后,针对抗战剧人普遍存在的“归去来兮,吾归何处”的问题,即将回延安的周公,在百忙之中,又特别指示接见演剧队四、六、九队队长魏曼青、刘斐章、吕复和新中国剧社的石炎同志。那是在开了一整天的重要会议,又处理了当天工作之后的深夜,满是倦容的他仍详细介绍了形势,肯定了过去抗敌戏剧工作的成绩,具体指出今后斗争的方针和策略,秉烛长谈,语重心长。

周公指示给我们的方针：坚持斗争方向，隐蔽力量，作好统一战线工作，以诚待人，“勤业、勤学、勤交友”，指引着我们走过了艰难漫长的征程。

朋友啊朋友与“一记耳光”

新中国剧社的朋友多是出了名的，这亦是剧社所以能在多次濒临绝境中坚持斗争的“谜”底之一。

于是就有了“大雷雨”和“大饼油条”等小故事。

对于当时我们这些二十出头的年轻人来说，最难耐的是饥饿。早上的稀饭不到十点钟就消化了，更何况还有些人起不来，没来得及吃早饭呢。在桂林排《大雷雨》的时候，有一个卖大饼油条的老张，经常挎着卖大饼油条的篮子，在剧社门口歇脚，顺带看院子里的排演。于是，这些“十九世纪初的矜持的洋贵妇、潇洒的富家少爷”，经不住香味的诱惑，买了大饼以后，几个人哄抢、分食的窘态，被他看个“底儿掉”。直至后来，谁都没钱了，就提出赊账，他憨直地笑着点头应允，并由吴枫替他记账。我们都爱上了他呵呵的笑容，一天不见，就像少了什么。到《大雷雨》演出时，由韦布一并还账道谢，蒋柯夫还特意请老张坐在三排正中的贵宾位置，好好地看了一场戏。

新中国剧社还是出了名的爱帮助人。宿舍里长期住着一些暂时生计困难的文化人和进步青年，有些是被追捕的同志。剧社对其实行“社友制”，社友的名单是一长串闪光的名字：邵荃麟、周令钊、翦伯赞、闻一多、李公朴、夏康农、孙起孟、司徒慧敏、郭德洁、光未然、丁聪、廖冰兄等等。

为了开拓战线，获得更多观众，从 1942 年 10 月下旬到 1943 年 10 月，剧社进行了旅湘公演，首演衡阳，长驻长沙，南访湘潭，再访衡阳，揽着满天秋色胜利返回桂林。在长沙留芳里，大家唯一的业余活动就是到北门外“四海春茶馆”读书，写作，讨论剧本。一天，敌机轰炸，茶馆吞没在烈焰中，大家奋力去救。剧社的巴鸿老弟英勇精悍冲在前面，而且很得要领。他首先救出的是茶馆的标志——那把大铜壶，因为战时的茶馆都是草草用竹席、竹竿搭建的，不值什么。果然，茶馆很快重新开张，老板伙计都亲热有加，“四海春茶馆”真正变成了我们的“文化沙龙”。后来，强要白看戏的兵痞砸碎气灯点燃幕布，危急中又是巴鸿、纪象南英勇地攀上高杆，扑灭着火的汽灯，挽救了宝贵的大幕和器材。

我们无偿辅导、帮助任何一个想演抗日戏的学校、工厂，甚至带着全部器材，负责他们的全部后台工作，直至跑龙套。剧社积极参加为长沙新闻界、昆明中华职业教育社等进步社团筹款的义演。我们有了盈余，也会买米送给平剧、湘剧等困苦的团队。

而在新中国剧社这六年中，又有多少朋友向我们伸出过友谊的手啊！有些，真是拯救我们于水火之中。我们每次演出的服装，都是剧社年轻的小姑娘们在街上四处追寻，跟到人家里去求借来的，有些甚至是从当铺整箱搬来的。在昆明，当剧社严重缺人手以致无法正常演出时，“联大剧艺社”的同学尽管正值考期，仍义务地来搬道具、置景、跑群众。

我们不能忘记李文钊先生建社初期的奉献，我们也不会忘记，在桂林，当孩子们在寒风凛冽中啼哭时，纺织企业家章东岩先生送来了带着他的暖意的棉被，并多次毫不迟疑地借钱给我们买米。在几乎无法排演新戏维持剧社生计时，还是他对《秋声赋》投入大额的演出资金。章东岩是名仕章士钊先生的令侄，弃文经商稍有收益，爱国的责任感和文人的良知使他成为“忏悔的贵族”，总觉得为抗日做得太少，而努力赚钱，却又更使其陷入痛苦的深渊。这样的好人，哪能真为巨贾？后，因破产而自杀，正当壮年，令人痛惜！古道热肠的湘潭翁先生赠送的布匹，使“海国英雄”们披上战袍；全社大人孩子在六寨被疯狂轰炸时，桂林无线电厂的钱、陆两先生，借出当时连金条都买不到的汽车，协助我们逃生到独山；昆明金映琨女士以低价租出景虹街48号，使我们有了遮风避雨处，在数月逃难后得以喘息；而金熠、王晋笙兄廉价让予的全部服装器材，使我们这群在独山丢掉了全部器材的无“枪”的勇士得以崛起再战。这些帮助过我们的人中也包括国民党军、政中有正义感的人士，如李济深将军等。

当然，九、四、六、八等队“友军”的帮助更是难以计数，尤以与九队渊源更深，为同根同源之亲兄弟，我们两队多次混合编成统一的生活小组进行演出，亦鱼水融合，形同一家。在困难的时候，总会相互帮助。1942年旅湘公演，年关将近，长沙奇冷，九队的伙伴们宁可自己挨冻，毅然脱下犹带体温的棉服披在我们身上，至今犹记。其实，我们的友情不止限于物质，是并肩作战，生死与共的战友的深情厚谊。

朋友啊，朋友！我们永远怀着深深的感激之情记着你们。

在柳州失守，南丹告急的关头，面对病弱的孩子和女队员，我急了，冲到“军车调配处”要车，那位“审批官”态度十分强硬，斥责我不懂规矩，说着摔门而去！我楞在那里，突然，看见桌上他用力拍案的地方，空白“调车令”和印章俱全。当时已顾不得许多，拿起毛笔，仿照他的笔迹写好调令，迅速盖了印章，居然在极困难的情况下弄到一辆汽车。事后才知道，“审批官”是我们的同志。在杜宣难过特务盘查的“金城江关”时，苏联“塔斯社”驻华副社长罗米洛斯基，冒着国家外交纠纷的危险，将不懂俄语的杜宣假扮为翻译，使其平安脱险。到重庆后，周恩来副主席特设宴感谢这位国际友人。还有帮我们义务看病的医生，以及资助我们的韦布兄的学生黄慧珠，解放后相遇，方知均是“一家人”。

但更多地，帮助我们的都是普通的中国人。这只能用“得道多助”来解释，这“道”，就是抗击日寇、为人民求解放。这些人中有包括在逃难时，救起我们因掉队而昏倒在路旁的女同志的无名人民，当时，他仅凭的是她胸前的“新中国”的骆驼徽章；有在上海时义务为我们医病的沈国霖医师，当演员突发急病时，他多次救了我们的“场”，陈云、梁明、田颖子住院，他只象征性地收两块银元；我们更不会忘记，在虎视眈眈的军警禁演时，面对狰狞的枪口，奋起疾呼抗议，高歌《义勇军进行曲》，撕毁戏票以示支持的观众们……新中国剧社所作的贡献，实在是众多朋友共同作的贡献。

在“新中国剧社”六十周年庆祝会上。社徽上的“骆驼”代表了剧社坚持斗争的精神

新中国剧社能在绝境中坚持斗争的另一“谜”底，当如生物学的概念：植株能在恶劣的环境下生长，根本的原因是内部机体的生命力。剧社的成立，可以说“天时”、“地利”皆无，唯余“人和”矣。社里遵周公建演剧队时的指示，按照延安的革命体制，真正实现民主、平等。“官”为负重之牛，“兵”为社之主人。待遇一致，经济公开。个人虽无甚收益，但剧社对个人病痛冷暖负责，对其子女视为剧社珍宝，对其父母亦尽全力照顾。社里有矛盾冲突，有时还很尖锐，但人与人之间坦诚、温情、友爱，绝无勾心斗角，阴谋正蛊。这也是为什么无论怎么困难，每个人都舍不得离开剧社的原因。因之，剧社的

同志都敬业、求真、友善，且很单纯，唯以对革命事业有无益为处世、判断的标准。日月如梭，时过六十多年，我仍是那么怀念“新中国”，她真正是我们的“家”，那里永远张开着温暖的怀抱。

从1941年至1946年陆续参加新中国剧社的还有：

瞿白音、汪巩、姚平、张友良、熊伟、田野、田念萱、朱琳、刁光覃、蓝马、王逸、凌珺如、樊赓稣、石炎、梁明、高博、程漪云、洪遒、钟耀群、康庄、罗泰、叶露茜、萧荻、袁之远、鲁军、江俊、周克、方荧、尉竹侠、曹大庆、白东吾、纪象南、农中南、吴南山、王季平。

特别要记述和纪念的，是为抗日、争解放而献出年轻生命的沈瑜，1944年于广西六寨日寇轰炸中牺牲；陆滨（女）后参加我人民解放军，1946年6月在中原突围中被俘，英勇不屈，惨遭国民党杀害，被追认为烈士；王天栋在1946年10月剧社从昆明返沪时，搭乘难民车，途中覆车遇难……亲爱的伙伴们，恕我没能一一写下你们的名字，但我们曾一起在那烽火的岁月共同斗争，相互扶持，用生命和青春灌铸出“骆驼”的足迹。血浓于水，我们永远是亲人！

1945年元旦，在安顺，我们与四队联合演出了大型音乐诗朗诵《岁寒曲》，控诉了湘黔十万人逃难的空前悲剧，观看者包括官佐都涕然泪下。度过了凄苦寒冷的阴历年，2月15日，克服一切困难，剧社还是联合当地几个进步团体，举办了一个小型戏剧节，演出了表现“湘黔大撤退”艰苦生活的《不是戏》（由我编剧、导演）和《心狱》（于伶编剧，导演严恭），此时剧社已是八个月没在正规剧院演话剧了，所以当开幕大锣一响，大家心中感慨万千，不禁流下热泪。

1945年5月，剧社历尽“湘黔大撤退”的苦难和艰险，陆续在昆明聚齐。

我们奉献给昆明人民的是曹禺先生紧密反映现实的话剧《蜕变》（由我导演）。为追求真实，演员们特意到医院深入手术室体验生活。馥馨饰演主人公丁大夫，很适合她的气质和风格，受到观众和舆论的好评。此剧特请化妆大师辛汉文造型，艺术上生色不少。汪巩兄创作的活报剧《金碧交辉》，抨击了大后方的畸形现象，歌颂了坚贞不屈的民族精英。在西南联大举行的“高尔基纪念晚会”上，剧社又首唱费克、樊赓稣创作的《茶馆小调》和《五块钱》，引起全场轰动，成为昆明民主运动中脍炙人口的经典歌曲，并很快流传全国。

这些“亮相”，给昆明人民深刻印象。著名学者、民主斗士闻一多先生感奋中挥毫，发表了《“新中国”给昆明一记耳光吧！》，文中评述：

“新中国剧社是我所知道的大后方第一个把握人民现实生活的话剧团体。在这个意义上，它不但指示了中国戏剧工作的新道路，而更要紧的是表现了中国知识分子的新觉悟，因此也就真能名副其实的象征了‘新中国’。……新中国简直是篇传奇故事，一个神迹，这秘密究竟在哪里？我说：很简单，认识了人民，热爱着人民，觉醒了的知识分子，不但戏剧，而且‘行行出状元’，只要认识人民，每个知识分子，都是一个可能的天才和英雄。”(《闻一多全集》第八卷)

这里，闻先生为了形势的需要，对我们过于美誉了，但确实是我们心灵的真实写照，也彻底揭开了“新中国”之“谜”。

曾有许多记者采访时问我对过去生活的看法，在那烽火岁月中，我们以青春和生命融入了民族救亡的洪流，用了许多时间编演活报剧，唱抗日歌曲，深入工厂农村，紧密地为党领导的抗日反蒋、争民主求解放的斗争服务。也许今天有人会认为我们太“紧跟”了，也很不“高档”。但是，任何科学的判断都应建立在历史的高度上，在民族危难之际，推动历史前进就是最高的“档”！我深信，在当时任何一个有爱国心、有良知的华夏子孙，都会这样做的。我们以实际行动实现了自己的理想，为祖国、为人民贡献了力量。苦难，但充实；艰险，但有意义。我可以毫不迟疑地说：对过去的生活，我“无怨无悔”，而且“非常怀恋”。如果让我重新选择，仍然如是。

诚如闻一多和田汉先生论断的，这斗争也锻炼、成就了一批现实主义艺术家。的确，正是这种艰苦战斗的生活，促使我们很快地学会了写戏、演戏、导戏。在我们的队伍中，有美术、音乐方面的人才，如费克、樊赓稣、孙慎等，在当时即不愧为著名音乐家。田汉先生曾惊诧地写道：“但他们还有许多诗人，有的竟是平日专做舞台工作的，手拿钉锤钢锯的无名英雄。这真使我吃惊，在桂林的几次盛大的诗歌朗诵会都是他们一手主持的。”

田老还指出：“他们拥有好几位活报剧、独幕剧作家，如汪巩、严恭、白音等，他们随时随地都演出活报剧，那就是说他们随时随地都迅速地反映现实，这使‘新中国’继承了‘五四’以来的新戏剧的优秀传统……使新戏剧始终和发展中的中国现实紧密结合着，这也就锻炼了一些将来的现实主义剧人、剧作家。”事实证明，田老是高瞻远瞩的，他亲举革命戏剧的大旗，领着我们这些年轻人实践、磨练、战斗。我的多才多艺伙伴们，解放后，很多人的确成了戏剧、电影的艺术家和领导。

现今，众多的艺术教育学府，无数的想尽快成才的莘莘学子们，是否可以从中得到些启迪呢？

在这六年中，由于不断地实践和努力向大师们学习，我也是处于丰收时期。

承蒙大家信任，我历任剧社“艺术委员会”主任、剧社理事、演出部部长，参与了剧社所有演出，在剧中出任重要角色，并成为“导演团”成员。

我独立导演了《风波亭》(江上清作)、《军用列车》(石炎、严恭编剧)、《蜕变》(曹禺作)、《女子公寓》、《心狱》(于伶作)、《风雪夜归人》(吴祖光作)。经常是大部分戏，洪深、章泯等先生用几天初排定下基础后，就匆匆离社另有重任，承蒙信任，将戏交给我，嘱按设计细排，我从中收益甚多。

我亦先后主演了《海国英雄》、《大雷雨》、《草莽英雄》、《戏剧春秋》、《郑成功》、《钦差大臣》等戏。其中，《钦差大臣》演出时，正是桂林争论应该“突击”还是“磨光”(意为正规化细致排练)。田汉、欧阳予倩各领一派，“新中国”肯定当属田老嫡系；但《钦差大臣》一戏中我扮演假钦差赫里斯塔可夫，却被欧阳老称赞为“磨光”之作，观众亦很踊跃，评论界也肯定了我的创作。

剧社自编多幕剧共两部，其中就有石炎兄和我联合编创的《军用列车》。

我还编剧和导演了独幕剧《开演之前》、活报剧《不是戏》、《突击》。

活报剧和独幕剧是那个时代很有影响的剧种，反映现实迅速，表现面宽，艺术手法灵活、多样。因之，很受观众欢迎。“新中国”的演出，突破了活报剧早期只在街头演出的化装宣传讲演式，堂而皇之地登上大舞台。可惜，戏剧研究未予活报剧相应的重视，田汉、闻一多先生则充分肯定了新中国剧社在活报剧方面的成绩。

1944 年 5 月，湘北大战，长沙危急，桂林震动。“新中国”和广西省立艺术馆发起抗日扩大宣传周。与“三厅”在武汉时一样，分诗歌、戏剧、平剧、电影、漫画、歌咏等日，为抗日捐出所有收入。最后一天为“献金大游行”，我们高唱着“献金歌”(安娥作词、费克曲)，群众争先恐后献出一份爱心，无论老幼贫富升腾在炽热的爱国情感之中，令人感动。记得樊赓稣扮演一个奸商，“不肯”献金，演完一场，我们转移到另外一处时，他久久不至，最后才狼狈不堪、气喘吁吁地跑来。原来，是因为“他”不齿于国人的行为，使黄包车夫都拒绝拉他，可见人心的激扬。

这些强烈的感受，使我与汪巩兄很快写出《怒吼吧，桂林!》剧本，共分五幕十场，从湘北战场写到陈纳德“飞虎队”参战，从战机迫降洞庭湖被渔民冒死相救，写到后方豪绅荒淫无耻，奸商囤积居奇发国难财；作为对比，也写了百姓的悲惨生活和英勇抗击日寇；最后两场“四十万颗心”和“怒吼吧，桂林”，反映人民的爱国热情高涨，献金出力，同仇敌忾。全剧场面宏大，近百人同台，场景变幻多，包括战斗、炮火、飞机等特技。无论在内容，还是表现手法，在当时都是首创。

桂林失守后，6 月在柳州与四、九队汇合，都觉得此剧冲击力很强，合议将此剧内容扩展到整个大西南，由三个队（社）联合演出，剧名就叫《怒吼吧，大后方!》，场面更加宏大，二百多人同台演出，非常激动人心。

其时，三个队（社）又决意写作“四城记”，“四城”为长沙（吕复写）、衡阳（严恭写）、桂林（汪巩写）、柳州（李超写），后因战事紧张，未能联合演出。

在新中国剧社的六年中，我也把对抗战戏剧、对现实主义创作方法的认识、学习斯坦尼体系的心得及戏剧导表演的理论文章和宣传抗战文化精神的文章在《戏剧春秋》等进步报刊上发表，并应邀为上海《大公报》写了《六年“新中国”》长文，全面向社会介绍评述了新中国剧社从建立到 1947 年六年间的艰苦战斗历程和艺术成就。其它尚有一些短文，当是这一段岁月心声的记录。

紧张频繁的艺术实践，使我在演、导、编各方面有了较丰厚的积累，为今后的工作打下了良好的基础。

千里颠簸与“唯一收获”

1945年8月15日，新中国剧社正在昆明演出《金玉满堂》（沈浮作、瞿白音导），到第三幕时，街上突然传来此起彼伏的爆竹声，有人冲进剧场大声呼喊：“日本投降了！抗战胜利了！”并撒下雪片似的“号外”，于是演员就身着戏装和观众一起冲到街上，汇入欢腾的海洋。但当喜庆高潮涌过，剧社和个人向何处去？将来会怎么样？这些问题，又使每个人都辗转难眠。

就在彷徨的时候，石炎同志与四、六、九队队长被周恩来副主席在重庆“八办”召见，聆听了“坚持斗争，反对内战”的指示，我们的方向明确了。洪深先生亲自新排了《草莽英雄》、《鸡鸣早看天》，我们又相继演出了《牛郎织女》（吴祖光作、张友良导）、《风雪夜归人》（吴祖光作、严恭导）、《桃花扇》（欧阳予倩作、张友良导）。

1946年，昆明内迁单位相继返回南京、上海和京津。尤其是“西南联大”5月开始撤走以后，剧社失去了基本观众。此时文化的重心也移向沪宁。加之八年多了，队员们告别家乡，与年迈的父母和兄弟遥遥相思，其苦痛断肝肠。浓浓的乡情，促其东归，经请示，组织同意，剧社一致决定转至上海，并派汪巩和我先期到沪打前站。

剧社告别昆明的自创剧目为《陈圆圆》，是应观众的要求而作。因为昆明有关陈圆圆和吴三桂的遗迹和传说颇多，原拟用上海已有的剧本，后感到现实意义不强，特别是当年郭沫若振聋发聩之作《甲申三百年祭》，在大江南北已起了重要影响。于是，由新任理事长汪巩兄执笔（与孟超合作）并导演，在“西南联大”著名教授夏康农先生的大力帮助下，自创剧目《陈圆圆》，突出歌颂了民族气节，鞭挞了以吴三桂为代表的民族投降主义，很受观众欢迎。在隐蔽斗争的情况下，伙伴们努力实践自己“身在舞台，心向场外”的誓言，但终究不能痛痛快快喊出心中想说的话，这亦是我们当时的苦闷。

因为剧社经费拮据，汪兄年长，理应他乘飞机往沪，我则于《陈圆圆》演出之前即动身赴沪。没钱难不倒穷汉，我找到“西南联大”的朋友，当时学生们正陆续迁回北京、天津，他们从学生空额里找了个名字，给我办了张“复员学生免费乘车证”。我于8月下旬，即登上卡车出发。其时，馥馨的大姐思念小妹和外甥心切，已在上海办好赠票，让馥馨和孩子先行飞沪。

1945年8月16日抗战胜利纪念合影

满是伤痕的卡车摇摇晃晃，呻吟叹息地发出莫名的响声，载着一车学生从昆明出发。我和大家不熟，坐在尘土倒灌的后厢板旁，看着远去的春城，心中充满无限感慨。战时，这条近两千里的公路是特殊的社会风景线，不少司机偷带旅客和货物，均以“黄鱼”(金条)论价，骤成暴富，以致每一休息地即有一“行馆”和小妾。因为路况极差，车辆超载，路旁崖下常见翻车残骸，血迹斑斑，仍挡不住这些司机野蛮行车。于是，在一些险要地段，竟然用人头骷髅排放在路边警示，触目惊心。

卡车只不过加了帆布篷，四面透风，从底厢板缝隙冲上的尘土呛人，加上夏日灼人，初开时，年轻的学子们坐在自己的行李卷上兴高采烈，谈情说爱，蒙头贴腮，哝哝低语；不几天已昏昏然，一到停车时就躺在农田旁起不来了。我就从田里找来萝卜，削成片，一片片塞到他们嘴里。慢慢地，我由外人成了“车长”，和同学们结下了深厚友谊。

近十天后，抵达上海，首先向“文委”夏衍、于伶、田汉、阳翰笙诸老汇报，了解到上海戏剧状况很是无奈和艰难，“劫(接)收大员”使经济状况紊乱，美国电影充斥市场，大部分剧场被国民党控制。“中国艺术剧社”、“中华剧艺社”等均无法演出，难以为继。“文委”紧急商讨、筹划“新中国剧社”来沪后的问题，我当即向剧社作了汇报。此时，方抽空与馥馨、儿子回南京探亲。

夫子庙的老家更加蔽旧，母亲白发苍苍，性子刚烈的她脸上的深深皱纹，无言地告知这些年的艰辛。她不敢相信地拉住我的手上下看着，我的身上只穿着一件美军的夹克，是联合国的救济物资，只为乘车可以不买票、不排队，所以一旅行即当“虎皮”，还有一条军毯，这就是八年抗战的全部资产。老母亲终于忍不住哭起来，拍着我说：“儿啊，八年啦，你就得这么点东西啊……”我连忙跑到门外，馥馨领着儿子等在那儿没进来，此时，我一把抱起儿子，大步跨进门，放在小桌上，说：“妈，这算不算个宝贝？！”老太太这才“心肝宝贝”地叫着，含泪笑起来。

的确，八年抗战，这是我和馥馨唯一的“个人收获”。我走到院子里，长吸了一口气，小院曾落了一颗炸弹，所幸没毁及屋子，但老父已在战乱中仙逝，十八岁的宝珠妹，也在花季年华离开了我们，按老习俗，她竟然可怜地连祖坟都不能进，使我黯然泪下。

第一支赴台演出的剧团

1946年9月16日，新中国剧社在昆明举行最后一次告别演出，9月28日，在昆明二十多个友好社团的依依惜别声中，以“遣返难民”身份，分乘三辆“联合国救济总署”的汽车，启程返沪。总领队为蒋柯夫兄，石炎、袁之远各另负责一车，

10月1日，阴雨绵绵中，车行至贵州关岭县霸陵桥，超载的第三辆车陡然翻至桥下山涧，刚完美饰演过吴三桂的天才多面手艺术家王天栋，和社友沙龙不幸遇难。岳勋烈、纪象南脑部受伤，长期昏迷。程漪云等多人受伤，但仍在袁之远、高博的带领下坚持救护伤重者。

噩耗传沪，文化、新闻、教育界震动，纷纷慰问援助。田汉先生痛悼，难抑热泪纵横。于伶同志愤然撰文指出：“他们没有牺牲在战场上，没有倒在舞台上，却在胜利复员的路上失去了宝贵的生命，这是谁之罪?!”

田老撰长文《新中国剧社的苦斗与西南剧运》，向社会介绍剧社，此文亦可看作是他自传的一部分。

10月下旬，“新中国”大队抵南京，但剧社在上海无法解决住处，所幸汪巩兄求得亲属帮助，在苏州十全街濂溪坊觅得陋房聊以栖身，我们再次陷入困境。

我和汪巩都急得如热锅上的蚂蚁，在上海四处奔跑。“文委”亦十分焦急，多方设法，最终通过沪上名演员蓝兰（即馥馨的大姐）与新成立的“台湾省行署宣传委员会”取得联系，作为第一个祖国去台演出的文化团体，“宣委会”文化专员柳行健特来沪表示欢迎，并同意剧社提出的要求：演出剧目由剧社自定，宣委会认同，这是最重要的条件，其它包括旅费、场租、捐税由“宣委会”承担等。

赴台演出不仅是为剧社找到了生路，而且能为被日寇残暴统治半个多世纪的台湾同胞送去祖国的话剧艺术，开拓台岛的进步戏剧运动，对我们而言，是莫大的信任和光荣。

经“文委”研究，决定汪巩和我登门诚请刚到上海的欧阳予倩先生带队

1946年12月，新中国剧社赴台演出前阳翰笙（一排右二）、田汉（二排左四）等送行时留影。二排右五蓝馥馨，田汉右后方是严恭

并任总导演。欧阳老欣然允诺，给我们以极大的支持和鼓舞。

“文委”十分关注这次行动，于伶同志再三叮咛：一定要挑选代表抗战进步剧运水平、艺术精湛的作品，作为奉献给台湾人民的厚礼，抚慰光复的同胞。我们精选了《海国英雄》、《日出》、《桃花扇》、《牛郎织女》四出戏，并决定重新修改内容，请欧阳予倩先生亲自导演。欧阳老决意重新创作《桃花扇》剧本。

在苏州初步准备以后，11月中旬往上海，得到熊佛西先生的慷慨相助，破例无偿提供“上海剧专”的场地排练、置景。在各方面的关注和帮助下，准备工作顺利进行。为壮大力量，又约方莹、农中南、曹大庆、白栋吾、赵彤和“上海剧专”学生田野（田玛琍）、吕薇、尉竹侠、陈一弘、吴梅、金纹等赴台参加演出。

12月中，剧社从上海乘“台南号”起航赴台。田老、阳翰老亲自送到船上，殷殷嘱慰并合影留念。

于伶同志在《大公报》上发表了热情洋溢的文章——《壮“新中国”台湾之行》。他写道：“台湾从50年的敌人黑暗统治中刚苏醒过来，你们带着祖国的心去，用戏剧去抚慰他们，这是我们的光荣和骄傲……去吧，朋友们，拍拍征衣的风尘，抚摸一下心底的创伤，笑着去上阵。……”

亲历台湾“二·二八”

台湾海峡平静无风，但我们心潮澎湃。经过一天一夜的航行，终于踏上基隆港，旋即驱车直抵台北。

身临其境，方深切体会为什么台湾被称为“宝岛”。上海已值三九严寒，台岛仍一片翠绿，衬着锦簇花团。桃李梅、水仙、玫瑰齐放，西瓜、蜜桔、菠萝、洋桃、香蕉随处可见。

但，到处都有殖民地的深深烙痕。台北市中心为伪总督公署，周围即是兵营，以资护卫。为严密防范，工厂和学校分设在郊区不同方位，且大学不设宿舍，全部走读，以防学生聚集。市区与郊区以火车相连，铁路被严加管制，以防“越轨”行动。

演出地点在台北“中山堂”。这是一座设备完善，可容2000名观众的现代化大剧场。我们没有在这种规模的剧场演出过，所以立即对舞美作相应调整。最令我们担心的是，日寇长期强行奴化教育，居心叵测地隔绝祖国语言，日语为必学的正式用语，闽南话是日常语。台湾民众长期观看的是“歌仔戏”和日本“东宝”公司电影，能否接受祖国语言的话剧艺术呢？尽管我们事先印制了详细的说明书，甚至印制了剧本，但始终心里没底。

1947年早春在台湾日月潭

我们对带去的四个戏的主题思想、导表演都作了调整。《海国英雄》是第一重点，并定为首演的开锣剧目。本剧由魏如晦，即阿英同志，作于上海沦陷的孤岛时期，表现的是民族英雄郑成功收复台湾的英雄史诗，含意很明确。为使感情更激昂，又新加荷兰总督癸一到郑成功帐前缴剑投降的尾声，并将《海国英雄》直接改名为《郑成功》。

剧社和欧阳予倩先生一致决定由我担当塑造郑成功的重任。演出在一声晨钟似的锣声中开幕，台下座无虚席，鸦雀无声，直至落幕，骤然爆发出雷鸣般的掌声。台湾同胞们完全明白我们的心意，语言不能隔绝，因为我们的心是相通的，台上的演员都流下了热泪。散场后，一位观众拉着我们的手说："这是我第一次看到祖国！"这也是对我们演出的最高评价。

接着上演《日出》，突出强调"损不足以奉有余"的主题，展示不平等的阶级社会光怪陆离的丑恶现象。苏茵饰陈白露，费克饰方达生，熊伟饰翠喜，岳勋烈的"胡四"、奚里德的"张乔治"、许秉铎的"黄省三"，历来为剧社的一绝。我从"剧校"曹禺先生亲排《日出》时饰李石清，深得他教诲，以后始终演这个角色。

接下来的《牛郎织女》，将主题深化为：幻想是空虚的，应回到现实中来。吕薇饰织女，高博饰牛郎，曹珉饰九奶奶，熊伟饰母亲，方莹饰老牛精，袁之远饰雷公。

而《桃花扇》则以深刻的内容，优美的表现，给观众留下美好印象。高博饰侯朝宗，苏茵饰李香君，曹珉饰寇白门，曹大庆饰吴次尾。因为是历史剧，观众几乎人手一册剧本，演出中台下犹如一片白雪纷飞。

在台南一带巡回演出时，台湾人民"二·二八"起义爆发了。台湾同胞曾以极大的热情迎接光复，但国民党反动派却横征暴敛，物价上涨，民不聊生，甚至强占民房，欺压台胞，伤透了他们的心。1947年2月27日，警察又无端枪杀一卖香烟的老婆婆，于是2月28日，台湾民众罢工、罢市，请愿民众提出惩凶、赔偿等要求，却在公署门前被国民党军队残暴地开枪射击，广场顿时成为血腥屠场，当场死伤多人，激起席卷全岛的反抗风暴，随即发展为大规模的武装起义。

这是最紧张的一天，愤怒的台胞到处寻找国民党官员论理。社员张友良在路上被误认为国民党官员，险遭扭打，群众突然发现他胸前的"骆驼"社徽。便连说："郑成功、郑成功！"并亲切护送他回我们所住的"三义旅社"，使我们很感动，更深切地领会到艺术与人民紧密相连，就会得到人民的爱护。"三义旅社"的一老台籍旅客，自发搬条凳挡住门口，向涌来搜寻的人们解释；服务员主动为我们的伙房上街买菜。至3月8日，起义人民控制了台湾大部分地区。

台湾人民的"二·二八"武装起义，是台湾省各族人民反对国民党统治的武装起义，是中国共产党领导下的反帝、反封建、反官僚资本主义的人民民主革命的一部分。它沉重地打击了蒋介石的反动统治，有力地支援了大陆人民的解放战争，得到了全国人民的大力声援。当时，中共中央通过陕北电台广播了《解放日报》社论，热烈地赞扬了台湾人民的起义。社论指出："你们的斗争，就是我们的斗争，你们的胜利，就是我们的胜利，解放区军民必定以自己的斗争，来声援你们，帮助你们"，并号召全国人民开展更大规模的斗争来支援台湾同胞的斗争。

不久，传来当局向台胞道歉的传言，形势稍为缓和。但，国民党很快就调集大批全副美式装备的正规军，对起义人民疯狂进行屠杀。从3月8日起，被杀群众达三万余人。一船船尸体被抛进大海，基隆港海面一片血红，我们对国民党反动派更加愤怒和痛恨。

在那腥风血雨的时期，"三义旅社"的员工都不敢上街，我们又主动替他们买米面菜蔬，结下深厚友谊。老板送给我四岁的儿子一个台湾漆碗，至今仍珍藏在家。

当局白色恐怖日益加剧，封闭多家报馆，逮捕民主人士。经请示有关同志，我们决定中止演出，立即返回上海。

保留至今的台胞送给儿子的漆碗

事后，蓝兰大姐因参与剧社去台活动，并应约在《郑成功》中饰郑成功夫人，而在台湾被捕。经多方营救，才获救，此后她留台继续活动，作了许多工作，但始终为国民党所监视，直至20世纪80年代病逝台北，仅在此寄以怀念。

1947年3月中旬，新中国剧社终于安全返沪。明知极难坚持戏剧活动，伙伴们仍不甘心，团结一致作最后的拼搏。蒙应云卫先生支持，借出中华戏剧学校校舍，得以栖身，(这就是现上海"名人文化街"多伦路二〇一弄四号。经市政府批准，已于2000年10月正式挂"新中国剧社社址"铜牌以永远纪念。)在费了许多周折后，方于一个多月后，租得北四川路海宁路口的海光戏院。戏院本身破旧，地段又不理想，但无奈只能咬住牙租下。

得知我们的困难，上海戏剧界的前辈、朋友均热忱支持给予帮助。由田汉、应云卫、曹禺、周信芳、熊佛西、袁雪芬等知名人士参加，经吕复、刘厚生筹办，在海光戏院举行了两场为新中国剧社筹募修缮剧场资金的义演。连很少露面的“金嗓子”周璇都登台唱歌，白杨、上官云珠、叶子等当红明星演出朗诵、独幕剧等拿手节目。大家深感生死与共、相濡以沫的深厚情谊。

剧社连续演出了《大雷雨》、《桃花扇》等保留剧目，创作了抨击物价飞涨的活报剧《万元大钞》，排练了陈白尘新作《悬崖之恋》，剧社的艺术造诣得到美誉，但内战之中，人心惶惶，没多少人能安心看戏。就这样，仍为国民党不容，10 月中旬，《金玉满堂》作为建社六周年纪念公演后，作为官方控制的海光戏院坚决悔约撤租，我们亦失去演出阵地。

此时，国民党的败势已显，其经济全面崩溃，不能正常运行。半年来，剧社已负债累累，连温饱都不能维持，大多数人带着满身的伤病。1947 年底，为保存力量迎接解放，新中国剧社忍痛解散！

创立于 1941 年的新中国剧社，经历抗日战争和第三次国内革命战争，辗转湘、桂、黔、滇、苏、沪、台，有如社徽上的骆驼，在战火硝烟、风沙弥漫中，响着驼铃声声，跋踄千万里，历时六载余，终于在全面内战爆发的 1947 年冬，在观众面前消失了。

1991 年在桂林召开的“新中国剧社”成立 50 周年纪念会。前排左三田玛琍，左五严恭，左八陈云，左九蒋柯夫，左十杜宣，左十一叶露茜，左十二石炎，左十三梁明，左十四周令钊；二排右二韦布，右三张绍祯；最后排左二巴鸿

《鸡鸣早看天》

1947 年时的严恭

1947 年，新中国剧社解散后，我和馥馨即郑重向党组织提出到解放区工作的要求。阳翰笙代表“文委”与我谈话，表示组织上从为解放后培养新中国电影导演人才考虑，决定将我转往电影界，进入昆仑影业公司。馥馨曾跟着夏衍在《救亡日报》工作过，遂也安排了相应的岗位。从此，我和馥馨的后半生都与电影结下不解之缘。

组织上安排我首先跟应云卫先生学习，任副导演。应先生早在1935“国立剧校”任教务长时，即给我上过专业课；在上海业余实验剧团，应先生又任理事长兼舞台总监，我仍在他主持的多出戏中演出，深受先生教诲；“救亡演剧队”成立，先生任三、四队总队长时，我在四队。新中国剧社时期虽没太多直接接触，但仍经常关注先生的艺术成就，认真学习。“西南剧展”时，“新中国”演出的《戏剧春秋》，就是在应先生四十大寿时，夏公等有感而发，以应先生为代表的“戏剧人”走过的艰苦历程为原型而创作的，当时我饰演主角陆宪揆。所以，我一直尊称他为“应先生”，执弟子礼。

当时，应先生正忙于“启明影业公司”的筹建，第一部电影即是改编洪深老的《鸡鸣早看天》，这剧名真是符合当时的形势，给人美好的希望。这出标准“三一律”的三幕一场的话剧，1946 年在昆明，我曾在洪老亲自导演下演出过。

洪老工作甚忙，他要我先列个电影剧本详细分场大纲，我完全是门外汉，心里没底，但在应师的科学又实际的指导下，悟到一些要领，只用了一个多星期就写好了（当时的要求就是这么“高速度”），再交洪老修改。洪老编剧方法独特而科学，掌握人物动作（目的性）、情节交错、电影时空配搭、节奏、长度诸要素都很精确、清晰。应先生和洪老就是我的入门恩师，分别从电影编剧和导演的角度给我上了“启蒙课”。

《鸡鸣早看天》中唱《思乡曲》的王桂芳由当时号称“甜姐儿”的黄宗英饰演，其他演员有张伐、范莱、汪漪、费克、高博等，并特约越剧皇后袁雪芬，演那位受丈夫虐待打骂可怜的老板娘。

我和演剧二队老伙伴赵明同任副导演，按应先生的要求，我们一改当时流行的，某些导演只在演员化妆时交代几句台词和情绪就开拍的作法，用演剧队的方式，以斯氏体系为指导，分析剧本，深入角色，并事先排主要场次，效果很好。袁雪芬第一次和新的艺术工作者合作，导演和老板没有流氓习气，专心艺术，使她非常感动。

应师的导演艺术才能是天才，分镜头即是在搭好的布景中进行，他吸着烟，边走动边思索，随即口述，我和赵明即刻记录下来，整理成镜头分切、调度，复杂的就画出调度图。实拍时可以用八个字概括：“胸有成竹，即兴处理”。这“胸有成竹”是许多前辈大师们当时特有的本领。我深悟，这涉及各方面的艺术素养和丰富的实践经验，够我努力学相当长的时间。这就是我电影导演入门的第一课。

中国人永远喜爱的孩子

有很多介绍漫画“三毛”及电影《三毛流浪记》的文章已见诸报刊，然而，还有许多内情尚不为大家所知。

“三毛”形象首次出现在1935年7月28日的《上海图画晨报》上。当时，正是中国漫画的繁荣时期，叶浅予创作的“王先生”、黄尧的“牛鼻子”等形象，已成百姓言谈笑语中的人物。然而，除德国卜劳恩的《父与子》外，中国尚没有自己的儿童漫画形象。年轻的漫画家张乐平，以其敏锐的观察力，出类拔萃的才华，创作出“三毛”的形象，实现了“零”的突破，功莫大矣。然而，初期的“三毛”，还停留在个人情趣的阶段，所以尚没有产生那么大的社会影响。

抗战爆发，张乐平热血沸腾，全力投入民族救亡运动，停止了“三毛”的创作。但与民众更深入的接触，使年轻的天才画家对底层儿童的悲惨生活有了更深的体会。

抗战胜利后，1946年初，一个寒冷的深夜，张乐平冒着鹅毛大雪和透心的寒风，走过上海乌鲁木齐路一个巷口，偶见四个七八岁的衣不蔽体的流浪儿，赤着脚，身上披着破麻袋，围着一个白天烤红薯的炉子，一边跳脚取暖，一边把双手伸进燃尽的炉中，靠点点余热取暖。作为一个穷画家，张乐平只能同情而又无可奈何地叹口气。然而，第二天一清早，他赶去报馆上班时，又路过那个弄堂口，却看到有三个骨瘦如柴的孩子已经冻死，那僵硬的小手却还伸在早已冰冷的炉膛里……这使他受到莫大的震动。

于是，他换上苦力的服装，怀里揣着大饼，到“陈家木桥”等流浪儿集中的地方，与流浪儿交朋友，尽力送他们些大饼充饥，听到许多令人心酸的故事，深切体会到这些社会最底层的可怜孤儿的悲惨境遇。《三毛流浪记》靠着厚实的生活积累和正义的热情终于诞生了。

《三毛流浪记》从1947年6月15日在《大公报》一问世，就引起强烈的震撼，其巨大的艺术魅力，使“三毛”成为全上海儿童、大人关注的热点，许多人写信、寄钱、寄衣物给“三毛”。古往今来，只有反映时代，有进步社会意义的作品，才能成为传世之作，《三毛流浪记》就这样升华为不朽的经典名著。

在《三毛流浪记》之前，1946年5月12日，张乐平还积抗战八年的感悟和生活素材，在《申报》上推出《三毛从军记》，反映了抗日的艰苦，国民党军队的腐败。他的目光着眼于穷苦百姓穿上军装后的机智、英勇，同时饱受军队官僚欺压的状态。这无疑有很强的社会性，引起舆论的好评，但被国民党列为禁书。

衣不蔽体，赤着脚，背着破麻袋卷的三毛，成为代表一个时代的艺术典型

1948年初秋，一位独具慧眼的独立制片人，决心将《三毛流浪记》搬上银幕。他就是在新中国剧社任过理事长的韦布。虽然他从来没拍过电影，但由“三毛”激起的他对社会黑暗的愤恨，使他对拍好这部电影产生了极大的热情和毅力。在韦丽琳、上官云珠的帮助下，他克服重重困难，自筹资金，甘冒风险，担当独立制片人；由冯亦代介绍，毅然买下该画册的版权，并力邀他家乡江阴高小的同班学长、著名艺术家陈鲤庭先生来执导。

但陈鲤庭正执导田汉老的《丽人行》，分身无术。鲤庭先生“仙人指路”，点出影片成功与否，剧本是关键。这部名著，应该请阳翰笙先生以如椽大笔再创造。至于导演，他郑重推荐了我和赵明。韦布兄曾与我风霜雨雪苦斗在“新中国”，素相深知，所以毫不迟疑地同意了。我和赵明得知，十分激动。我和赵明都是刚入电影门的新手，鲤庭师是1934年主持创建“左翼剧联南京分盟”的领导，也是“上海业余实验剧团”和“演剧队”的领导，更是我入戏剧门的开蒙恩师。他的推荐，是对我的信任和了解。我们也明白，更重要的是实现党组织培养新中国电影导演的战略安排。

我们都尊称阳翰笙同志为“翰老”，他的传奇事迹早为我们所敬仰。在年轻时他即组织了四川“社会主义”青年团，当过黄埔军校教官，参加“八一南昌起义"时就任师党代表。他主持党的文化工作后,创作了许多脍炙人口的戏剧和电影,馥馨曾在他编剧的《草莽英雄》中任主角罗大嫂。1947年时,他是党的"文委"的领导成员之一,当时,又忙于创建昆仑影业公司。

"昆仑"是国统区新创立的地下党直接领导的电影厂,集中了党的电影骨干,也都是当时著名的艺术家。昆仑影业公司在当时政治上白色恐怖、社会经济全面崩溃的艰苦环境下,坚持党的电影工作,并且利用行业的便利,直接帮助地下党工作。当时湖南将领程潜、陈明仁有意起义,但苦于无法直接与毛主席联系,地下党几次派人联系,由于特务监视,都未成功。最后还是通过"昆仑公司"老板任宗德帮助,以公司宣传新片为名,将我军报务员伪装成"昆仑"职工,在放映机中密藏电台,偷运到长沙,顺利地在陈明仁家中设立了电台,直接与党中央建立了联系,定下起义大计,为湖南解放立了功。

翰老在昆仑影业公司任编导委员会主任,可以想见他工作的繁重,但他毅然承担了《三毛流浪记》编剧的重任。

此时,我人民解放军节节胜利,濒于灭亡的蒋家王朝更加疯狂,暗杀、绑架时有发生,街上经常截路搜捕,即使是深夜,也能听到宪兵抓捕的警车(时称"飞行堡垒")凄厉的警笛声。张乐平和韦布都收到了无头无尾的恐吓信:"不准拍三毛电影!不听话,于你不利!""三毛再搞下去,当心脑袋!"信中赫然夹着子弹!韦布拿来给我们看,但我们都毫不迟疑地坚决搞下去。

在这个困难危险的时候,翰老说:"资金现在难筹没关系,有我们昆仑公司,'三毛'一定要拍好。"又对韦布说:"这种情况下,独立制片人很难拍这部电影,还是由昆仑公司来承担吧。"于是,"昆仑"退还了韦布购置版权的资金。我和赵明本来就是"昆仑"的人,韦布仍为制片人之一,并兼任制片主任。

翰老这么有成就的剧作家,却提出一定要深入生活,到流浪儿生活的地方去。这可使我们十分担心,于是组织决定,由我寸步不离地跟着他,一方面保卫,一方面辅助。这是我艺术生涯中重要的一段时间,我们朝夕相伴,翰老敏锐的思想、认真踏实的作风、高超的编剧技艺,给我很大的启迪和教育。能在极度困苦中,得到一代宗师教导,是我的幸福。

为安全计,翰老化装成商贾,戴着墨镜;我则西服革履,礼帽稍斜,像个"白相人"(上海帮会中人),深入到流浪儿栖身的"滚地龙"、黄浦江边废弃的下水道等地,亲眼看见冻死的流浪儿,被"收尸队"像扔柴棍似地丢到车上,芦席下的小手佝偻着伸出,脚拖着在地上划出痕迹,激起我们强烈地同情和愤慨!

进入写作阶段，我俩化名租旅社，为躲避特务，二三天就换个地方。在“百乐门旅社”、“先施公司”楼上都住过。其中，还发生过一件趣事：一天，我们在小餐厅吃饭，突然，一位珠光宝气的小姐走到我们坐的角落，用四川话客气地跟“阳先生”打招呼，并邀我们晚上去“百乐门”跳舞。原来，这是“百乐门”的红舞女，是翰老做统战工作时认识的。她走后，翰老风趣地说：“严恭啊，第一，今天晚上你这位‘王先生’要去陪她跳场舞；第二嘛，我们得马上搬家！”就这样，辗转躲藏，每天我都尊欧阳师母之命，给她打个电话报平安。

在这样恶劣的环境下，翰老还要主持“昆仑”全盘工作，却经常将他对剧本的设想虚怀若谷地与我们这些年轻人探讨，地点多在湖南路“任公馆”(老板任宗德的家)，热烈讨论后，夜深人静，就打开收音机听解放区的广播，那真是充满激情的日子。

不久，翰老写出了《三毛流浪记》剧本的初稿，从艺术上解决了由无情节的连载漫画变为电影剧本的问题。这不是按图照搬，翰老是抓住人物，深挖主题，取其精华，在此基础上，大胆构思情节。其中“三毛被收养为义子”、“流浪儿大闹公馆”的高潮戏，都是神来之笔，无论从人物发展还是影片结构都不可或缺。大家都很满意，翰老自己却觉得还要修改。

摄制准备工作在加紧进行中。当时，我和馥馨住不起城里，只能在徐家汇郊区马家宅福华新村一座岌岌可危的木板房租了个亭子间。一天，翰老悄然而至，他压低声音说：“三妹、严恭，我马上要和田老离开上海，去香港，再北上解放区了。”我们一时反应不过来，但预感他一定是去参与大事(果然，后来得知是去参加“第一届全国政治协商会议筹备会议”)。他接着嘱咐：“你告诉大家，我走了以后，剧本由白尘修改，我已经跟他说好了。”

虽然，馥馨和我很想和他多谈谈，但为安全计，只有站在窗前，看着翰老沿着菜地小径匆匆走远。

翰老的一稿，充满对流浪儿的同情和对黑暗社会的控诉，喜剧大师陈白尘先生则在此基础上增强喜剧因素。写喜剧，以反面人物为主要讽刺对象还比较好办，然而，以正面人物，又是儿童，创作则难上加难。白尘先生很好地解决了剧本阶段的第二个难题。白尘先生修改一稿后，也因受迫害匆匆离沪。接着由他的学生和晚辈、喜剧名家李天济再“通”一稿。

昆仑公司决定，细致的部分最后定稿，由我和赵明在分镜头时解决。我们俩深感责任重大，只有当作革命任务去全力完成，决心在翰老和白尘先生创作的基础上，牢牢抓住人物性格，展现性格与社会环境的冲突，坚决不走劳莱、哈代庸俗滑稽的路子。要使人笑，但不搞硬性说教，又寓意深刻，使人带着泪笑。喜剧是我所钟爱，1939 年创作的《闹元宵》，就是一次追求性尝试，这次无论从思想上和艺术上都是高层次、高要求。分镜头时，不离身边的一册剪贴的《三毛流浪记》几乎翻破。

“三毛”是已经深入全社会人心的上海流浪儿，漫画家张乐平创造了这个成熟的艺术形象：既饱受欺压、凌辱，惹人怜爱；又聪敏机智，疾恶如仇。“三毛”的外形亦家喻户晓，到哪里去找形神兼备的小演员？让一个六七岁的孩子担任戏份最重的主角，哪个孩子能胜任呢？

儿童片的艺术创作工作，决不是从实际拍摄才实施的。苏联儿童影片导演大师告诉我们：“你能够找到适合剧作家所创造的，和导演加以研究、认识、想象的儿童形象，你的导演工作就完成了百分之五十。”只要是有过儿童片导演的经历，就会感到这不但是论断，也是一种实际经历的感慨。甚至可以说，如果演员选择错误，则影片可能百分之百地失败。

昆仑公司要我承担这个挑选“三毛”的任务，指令“一定要找好”！于是，我跑了许多学校、福利院，还登报招聘……这期间，不少有势力的先生、阔太太向我推荐自己的子侄，应允入选了，就送我金条美钞，我当然不屑一顾。摄制日期一拖再拖，我们决心找不到理想的“三毛”决不开机！这个过程拖了两个月，当时的投资人表示理解，这在那个“赚钱唯一、金钱至上”的时候是难能可贵的，即使今天拍片也很难坚持做到。但“演员的正确选择，是影片成功的关键”，这是被无数实践证明了的，虽然在商品社会导演很难坚持住，但这的确是成功的铁的定律！

磨镰不误砍柴工，正在我踏破铁鞋无觅处时，偶然间于“昆仑公司”大门外小巷里，看见一个小孩子玩弹球胜了，与“赖账”的大孩子之间“正义的战争”。那孩子倔强不畏的性格引起了我的注意，而且七八岁，头大、颈细、瘦弱，很符合“三毛”形象的要求，这就是幼小的王龙基。

一些报刊文章中只强调了王龙基的倔强性格，以及外形、身材与“三毛”的相像，其实，作为导演，我们认为更重要的，是他与“三毛”相近的生活经历。他虽然是“昆仑公司”著名作曲家王云阶的儿子，但那个年代，艺术家常常一贫如洗，生活难以为继，王云阶一家从成都流落到山东，又从山东到上海。甚至在龙基小的时候，曾因家中实在困窘，父母两次忍痛将他送人。一次丢在学校门口，已被人捡走，终于舍不得又抱了回来。龙基四五岁时，眼睁睁地看着弟弟因无钱医治，在父母的怀里夭折。后来父亲重病住院，家产卖光，连最后一床被子也送到医院。母亲带着他，只得睡在稻草窝里。因为没钱吃饭，小龙基曾经饿至昏厥，甚至连胆汁都呕吐出来。这些和“三毛”流

1949年夏在《三毛流浪记》外景地。除了主角王龙基，其他三个都是真的流浪儿。后排右四是张乐平，右六严恭

浪相近的生活经历，才是龙基演好“三毛”的根本。

我一直坚持儿童演员也必须内在素质和生活经历尽量与角色相近。尽管在那个时期极少采用非职业演员，但除王龙基外，其它流浪儿都选自福利院真正的流浪孤儿，他们演出的真实感很强。这大概是国际影坛评价《三毛流浪记》影片时，断言中国早就开创了民族的“新现实主义”，甚至，比意大利的“新现实主义”流派早远的原因之一吧。

王龙基小名叫王贝贝，是个有天赋的儿童演员，史东山先生看见他就说：“哈，‘老’演员来了。”因为没演“三毛”前，他就在《新闺怨》中和白杨配戏，还在《艳阳天》中演小牛牛，这是曹禺先生编剧，并很难得亲任导演的影片。王龙基的表演使曹禺先生很后悔：没有给小牛牛写更多的戏。于是亲自教小龙基国语和演技。此后王龙基又在“昆仑公司”的影片《关不住的春光》、“文华公司”的影片《母亲》中出演。“三毛”的招聘，王龙基一家都知道，龙基极喜爱“三毛”，有心跃跃欲试，但父亲王云阶深感责任重大，不忍八岁的孩子就承担这部全社会关注的电影的沉重压力，始终隐而不发，直到我无意中发现了龙基。

儿童演员需要身世经历的基础，但是否需要体验生活呢？仍然要！我们坚持这一点。我和赵明虽然在当时没有处理儿童演员的经验，但在演剧队时，始终坚持的是现实主义的创作方法，我们决定在保证孩子安全的前提下，由我亲自带着王龙基去体验生活。

于是，我和王龙基去了流浪儿出没的地方：在熙熙攘攘的南京路，在外滩，流浪儿有的在卖报，有的在捡烟头；在外白渡桥桥洞下，他亲眼看到栖身在那里的流浪儿凄苦的生活；在北四川路拱形桥，流浪儿争抢着推三轮车过桥讨几个零钱；而在风雪凛冽的夜晚，看到饥寒交迫的流浪儿颤抖地围着熄灭的炉子取暖，我俩都流下了热泪……王龙基是天才的，八岁的他竟然在我的鼓励和保护下，像有艺术禀赋的演员们一样，勇敢地进一步融入流浪儿生活，和流浪儿交了朋友，一齐在桥上推车；甚至不怕脏臭，同去饭馆后门抢剩饭……正是因为他有自身贫苦经历的体会，有强烈的同情心，于是很自然地融入角色，并以其出色的表演才能，创作出了经典的艺术形象。这个艺术创作的过程是他演好"三毛"的关键。

值得高度赞扬的是，王龙基还具有极强的吃苦精神和坚强的毅力。影片从1949年春节后开拍，"三九四九难出手"，寒气逼人。整个拍摄中，为真实再现流浪儿的悲惨生活，要求"三毛"始终穿着极少极破的衣服，尤其是全片都要光着脚。八岁的王龙基，从来没光过脚，孩子的嫩皮肉在马路上走，真是刺痛钻心，但他没退缩闹性子，最后硬是磨出了一层老茧。特别是，在连大人穿着棉鞋都冷得跺脚的时候，他仍然光着脚直接站在冰冻的地上，不仅难能可贵，而且其坚韧的精神超过大人，令人喜爱之外更添敬佩。应当说，他是当之无愧的天才童星。

"三毛"的造型，由化妆大师辛汉文精心设计，张乐平先生第一眼看到就说："他就是我的三毛！"

在拍摄中，如何处理儿童演员是个整体性系列问题。我认为，从挑选儿童演员开始，到演员进入摄制组，导演都要全力以赴。因为儿童演员首先是"演员"，他演的不是本色生活，有一个我称之为进入"假定情境的游戏状态"的过程，这个过程极为重要，是全片能否演好的关键。

特别要强调的是，从导演营造"游戏"的氛围和情境，到引导小演员进入角色，所有的艺术创作过程，其本质是对孩子真挚深沉的爱，切不可本末倒置，把儿童演员当作工具，哄哄骗骗。孩子对人是极其真诚的，他们幼小的心灵十分敏感，对于真诚的爱他们所作的回应，能使久经沧桑的大人亦会激动得心灵震颤，潸然泪下；而对于虚情假意，他们也能明辨细微。

小"三毛"一入摄制组，就和我与赵明住在一起，朝夕相处。我们喂他吃饭，给他穿衣，惦记他的冷暖甚至上厕所……在有了深厚的感情基础上，建立了坚实的信任感。这样，当你引导他进入规定情景时，他坚信导演叔叔说的都是"真实"的,特别是一些他没经历过的,甚至是引起他恐惧的场景、动作,他坚决相信你是对的,并且一定会保护他的,这十分重要,一些"狗咬"、"从地下捡包子"、"垃圾盖满身"等戏,就容易拍了。即使这样,他还是会突然闹起别扭,怎么也不肯喝"浆糊",尽管已经把刚才拍摄苍蝇爬过的那缶换掉了,而且是加了藕粉和糖的糊糊,他也坚决不肯。到最后,只有我先捧起来喝了半缶,他才乖乖地"喝"了。我和龙基有了深厚的感情,以至于不但艺术创作取得了成功,在拍戏结束后,他还坚决不肯和家里人回去。

既然表现流浪儿,街头外景占了四分之三强。除"市场一角"为场地外景,其余大部分则为街头实拍。这是拍摄中的难点。上海人多,街道拥挤,特别是北四川路桥等繁华地段。沪人多喜凑热闹,当地话叫"白相相"、"轧闹猛"。那时不像现在,可以请公安局截断交通。即使可以,当局想封杀"三毛"还来不及,更不要说送上门去,况且,也付不出那么多钱。唯一的办法就是:现场抢拍!

"现场抢拍"是我们那个时代独有的,是被"逼"出来的,涉及摄影、灯光、服化道一系列的工作。事先采好景,每个部门的任务、地位、技术要求都由导演统一计划、协调好。实拍时几乎在同一时间,汽车急速停在指定地点,三下两下搬出器材,机器快速架好,不可能现场测光。场务人员组织群众演员暂时隔绝行人,这才把"三毛"往地位一放,掀开包裹他的毯子,立即开拍!拍后立即撤离。在这种情况下,还要从容搞艺术,确实不易,但也是被逼出来的本领。当然,王龙基的悟性和表演天才,是成功的重要因素,而导演对非现场排练、对儿童演员做假定性的语言启发,使之仅在行人中看到现场就能体会导演的要求,以及摄制的全面协调指挥等等,这里有很多经验和技巧。

“三毛，三毛，快快‘流’……”

《三毛流浪记》摄制组总共十七人，大大少于今天的编制，个个都是多面手，努力钻研技术，肯动脑筋。虽说在当时谁做得比别人差，就砸了自己的饭碗，但他们敬业、认真、负责的精神仍使我很佩服，也保证了摄制顺利进行，这是值得现在的电影工作者学习的。

影片前一阶段摄影师是朱今明，后另有任务，继由韩仲良担任。两人的艺术感觉都很好，特别是在街头抢拍中，更体现出娴熟的技巧。美工师张汉臣极善于动脑，用很少的钱，就可以搭出很漂亮的景。豪华公馆大厅场景，很少人能看出是模型接顶，为影片增色不少。

值得一提的是，“公馆豪华舞会”一场戏，有许多当红明星参加，而且不要分文报酬。有意思的是，三十年代的时候，有一位号称“影坛噱头专家”的

明星云集。前排左一王龙基，左三姚姚；二排左五林榛，左七上官云珠；四排左四蓝馥馨

老板，为给自己拍的电影"扎场子"，就给所有的明星发了舞会的请帖。在舞会现场，他装做拍新闻片，事后剪辑进自己的影片中，并在海报上注明："沪上全体红星出演。"引起舆论大哗，还打了一场官司。我们当然不会那样做。《三毛流浪记》的确是影星们主动参演的，为一个儿童演员配戏，俗称"捧角"。这只能用他们出于对现实中"三毛"命运的关爱来解释。尤显珍贵的是，参加演出的有极少出镜的名导演沈浮和应云卫夫妇伉俪，大牌明星有赵丹、黄宗英、魏鹤龄、上官云珠和可爱的小女儿姚姚、孙道临、吴茵(孔二小姐造型)、中叔皇、蓝馥馨、林默予、梁明、项堃夫妇、朱琳、沙莉、熊伟、章曼萍、许兰等。这在中国电影百年中，属"空前绝后"之举，他们都是我的朋友和一起苦斗过的伙伴，仅在此向他们致以谢意。

《三毛流浪记》于 1949 年 2 月下旬正式开拍，租借"中电二厂"场地，得到厂长徐苏灵的大力支持。至 4 月，在拍摄中已时常隐隐听到解放军的炮声，上海的天就要亮了！敌人迫害更加疯狂，在大部分场景已抢拍，但未全部拍好，更来不及做后期的情况下，组织上指示：目前特务猖狂，形势危急，胶片设法密藏，人员分散隐蔽，迎接解放。

在匆忙转移中，我不慎将身份证和仅有的几块银元遗失在黄包车上，更增加了危险性，所幸躲过了难关，全家人藏到了解放。

1949 年 5 月 27 日，半个月蜗居在屋，躲避枪炮的上海市民，突然感觉外面安静下来，清晨推门，居然看见屋檐下冰冷潮湿的地上睡着浑身硝烟的解放军。就凭这一点，老百姓认定这军队是人民自己的。上海欢腾了，人民乐疯了！"昆仑公司"的职工纷纷涌上大街欢迎解放军，朱今明抢拍下许多弥足珍贵的解放军入城的镜头。

随军进驻上海，穿着军装的夏公(夏衍)任军管会文教委员会副主任，他进城的第二天就打电话给"昆仑"，并告诉我们文教委员会主任是陈毅司令员，可见党对文教工作的重视，我们深感责任重大和自豪。

电影工作由于伶同志主管，他时任"文委"委员、文艺处副处长。组织决定以"昆仑公司"为主干，并从"昆仑"抽调人员接管国民党办的"中电"一、二厂。

我和赵明、韦布跑到市军管会，于伶同志笑着握住我们的手说："《三毛流浪记》，要快快的'流'！……"

于是我们找出了封藏的胶片加紧工作，重新构思，抢拍未完成的"豪华舞会"、"大闹公馆"、"四四游行"等重要场景，并根据现实时代的发展，加拍了"三毛"迎接解放的结尾，使这部电影成为有双结尾的作品。但仍从人物性格出发，与前边“四四儿童节”三毛领着流浪儿游行的一场相对应，力求在结构上完整。

这个结尾颇有争议，当然，从以社会批判为人文基础的“新现实主义”看来，这是不协调的一笔。然而，在刚获解放的举国欢腾的形势下，是真实的，也是符合观众心愿的。即使国外的评论也有这两种不同的看法，在法国上映时就有评论认为这个结尾“合情合理”，不属于赘笔。联想到苏联名片《战舰波将金号》轰动美英法等资本主义国家，屡获世界电影节大奖，成为世界电影史上公认的经典作品，说明并非以共产主义为指导思想拍摄的影片，在资本主义社会人民中就一定没有观众。关键在于影片不是硬性说教，而是遵循现实主义的原则，真实动人，合情合理；在艺术上达到高水平，以生动可信、可爱的艺术形象感动观众，以艺术的魅力震撼观众心灵，就可以赢得世界人民的喜爱和认同。

9月底，在“开国大典”前夕，作为新中国正式公映的第一部党领导下拍摄的儿童片——《三毛流浪记》，首先在上海“大光明”、“美琪”等影院公映，第一场就在过去专放外国片的大光明影院，观众反映强烈。全上海连演两月，场场爆满。

10月，《三毛流浪记》开始在全国上映，引起“极大轰动”(报刊语)。王龙基在宋庆龄副主席带领下，到各地举行救助流浪儿童、建立“三毛乐园”的慈善义演，在南京等地完全达到了今天“追星族”般地热烈欢迎。据报载：在南京新都戏院举行的南京首映式上，王龙基一出场，影迷就疯狂了，人们竟抢去他的帽子作纪念，也想看看他的“三根毛”。个子矮小的王龙基站在舞台银幕前，用童稚的声音对观众说：“谢谢大家喜欢我，我是王龙基，演了小三毛，请大家把爱三毛的心，去帮助马路上正在流浪的真的‘三毛’，谢谢大家！”

在张乐平先生漫画的基础上，影片的艺术创造获得了成功，直至今日，影片“三毛”的形象已成为代表一个时代的艺术典型，深入全社会，可以说中国的男女老少，都知道并深深喜爱“三毛”。

值得谈起的是，毛主席在革命年代，也曾顾不上照顾自己心爱的儿子，毛岸英兄弟都曾沦落为流浪儿。《人民日报》曾刊登毛岸英夫人的回忆录，其中提到：毛岸英同志在看电影《三毛流浪记》时，不禁流下热泪，感慨地谈起幼时当流浪儿与“三毛”有同样悲惨的遭遇，真实的情景仿佛再现眼前。

一位旅美的艺术家曾与我切磋，他讲到一部电影的社会影响，必须能从单纯的电影院走向社会，进入百姓的日常生活，这才是经典传世影片的标志。他举出美国有“米老鼠”，我脱口而出：“我们有三毛！”

是的，在这场对比中，我们用不着自惭退缩。一部影片对社会的影响有不同方式，不可一概而论之。然而，深入百姓的日常生活确实是重要标志，作为一个民族的电影绝不可少。作为一部有时代意义的艺术影片，《三毛流浪记》中的“三毛”不仅成为那个时代的，甚至超越具体时期，成为一种人生境遇、一种性格的不朽的经典形象，而且其形象的玩具、图片、商标广泛面世，各种艺术形式、工艺美术、电视连续剧、动画片等作品历经半个多世纪，至今仍然不断翻新再现，流传在城乡，遍及全国各地。值得说明的是，美国电影形象的推广，是有意识、有强大资金的商业运作，而我们的“三毛”则基于人心所向，完全是自发深入，这更难能可贵。

在中国，作为一部电影的艺术形象，能被全国人民公认喜爱，延伸扩展到各领域，与时俱进，这说明“三毛”的电影形象已经上升为民族的经典形象。可惜，到目前看，儿童故事片中“三毛”还是我国唯一的，期望我们有更多的艺术形象能像“三毛”那样成为深入百姓生活的经典形象。

在中国电影百年诞辰世纪大典的历史时刻，国家广电总局的领导从历史发展的高度对《三毛流浪记》予以了评价，指出：“（《迷途的羔羊》和《三毛

社会文化

人民日报

五十回眸看巨变·五十回眸看巨变·五十回眸看巨变·五十回眸看巨变·五十回眸看巨变·五十回眸看巨变

有这样一部影片，一批影星甘为无名小演员当配角；有这样一个形象，“长”了50年还是那么天真、机灵、聪慧——

“三毛”，写在共和国首页上

本报记者

长篇漫画上银幕

1990年6月7日人民日报（海外版）发表专栏文章

流浪记》)为配合当时中国革命形势,反映底层人民的真实生活和革命意愿,迎接斗争胜利和新中国的诞生,发挥了应有的作用,在中国电影史上产生过较大影响。尤其是三毛这个旧中国都市流浪儿的典型形象,成为国产电影人物画廊中不朽的经典。以其个性鲜活、意义深远的艺术魅力,长期存留在观众心中,并深受国内外观众的喜爱。"(国家广电总局局长赵实:《儿童电影心系祖国的未来》)

我将这高瞻精深、分量很重的评价,视作是对党的左翼电影的政治思想、艺术成就和历史功绩的赞誉,我个人只是党领导下的一员,这是对我的勉励。

至今,此片仍然每年于"六一"儿童节在各电视台播放,据中央电视台统计,这是回放率最高的一部电影,成为群众自发喜爱的真正意义上的传世之作。1958 年和 1980 年,为满足观众的需要,全国两次重新印制了该影片的拷贝。

至今,电影《三毛流浪记》已经先后录制成数十种版本的录像带、VCD,最近又开始出版 DVD,而且都是发行量最大的。

2004 年,邮电部决定:在几年内发行"中国个性化电影"邮票。2005 年 8 月,作为"中国电影百年纪念"发行的第一套个性化电影邮票,即为八枚连张的电影《三毛流浪记》;同时,上海少年儿童出版社为庆祝中国电影百年华诞,赶制了电影《三毛流浪记》的明信片、照相册和电影故事画册。上海地铁也发行了电影《三毛流浪记》磁卡。

为中国电影诞辰百年新建的中国电影博物馆儿童馆中,《三毛流浪记》作为新中国第一部儿童片的地位得到确认,并由泥人张塑了"三毛"等身像,作为艺术经典形象放在显著位置。

《三毛流浪记》还先后被中宣部、团中央、教育部、国家广播电影电视总局列入"最适于少年儿童观看的优秀影片"和 2005 年"纪念中国电影诞辰百年"的百部优秀影片之一。

的确,建国后到"文革",因为对左翼电影极左的错误评价——尽管毛主席早就高度赞扬了左翼运动的功绩,甚至与军事斗争并列为文化战线的胜利,但《三毛流浪记》始终不能堂堂正正地作为中国电影的代表参加国际电影节。直到粉碎"四人帮"以后,以邓小平同志为首的党中央拨正航程,颠倒的历史被还原了本来的面目,《三毛流浪记》也终于获得公正的评价。

《三毛流浪记》终于代表中国电影走向世界。

1981 年 5 月 21 日,《三毛流浪记》在法国戛纳电影节"中国日"放映,立

1981 年在法国戛纳电影节上映的《三毛流浪记》海报

即引起轰动。此后，法国各大报刊纷纷发表评论，电视台播放了专题节目，机场、商店、餐厅、咖啡馆张贴了大幅海报。在巴黎等六大城市连映近六十天，观众仍很踊跃。1981 年《国外电影参考资料》（中国电影家协会编）登载了当时国外的热烈反映，并以“中国的《寻子遇仙记》、《雾都孤儿》”、“中国的新现实主义”、“精湛完美的佳作”为小标题，详细翻译了国外评论对《三毛流浪记》从思想性到艺术性全面予以褒扬的原文。

1983 年，在葡萄牙第十二届“菲格拉福兹”国际电影节上，《三毛流浪记》荣获评委奖。

1984 年，在意大利第十四届“索福尼”国际青少年电影节上，《三毛流浪记》再获荣誉奖。

巴黎的电影评论指出：“影片感情真挚，幽默诙谐，导演功力与演员演技俱佳。它足以与黑泽明、小津安二郎和卓别林的作品相媲美。看这部影片是一次享受。”（法国《新文学报》1984 年 6 月 11 日）

法国最有影响的影评家让·德·巴隆塞在 1981 年 5 月 25 日《世界报》上撰文指出：“这部影片表明了中国也有新现实主义，在当时情节剧盛行的中国影坛上，这部影片的编导注重的是严酷的现实和赤裸裸的见证，影片在笑声中含着辛酸的泪。”

由于长期与国际影坛隔离，我们的影片到底在国际电影发展中占什么位置，我们自己不甚了了。国外对《三毛流浪记》这么高的评价出乎我的意料之外，所以在这里引用，我无意炫耀，古稀之人心仪的是平和恬静，况且，电影本来就是集体的结晶，《三毛流浪记》诚如我上文所叙，前辈、恩师、朋友、天才童星都献出了心血，今天重忆此事，是基于对中国电影向什么方向发展，用什么样的影片在国际上树立中国形象的思考。国际影坛将《三毛流浪记》与黑泽明、小津安二郎和卓别林等几位国际大师之作并论，我以为，西欧的影评家，不会，也没必要无端吹捧，作为我国民族电影整体更不必妄自菲薄，我们所需要的，是正确地总结过去。

虽然进入二十一世纪，电影的内容和形式绝不能与过去相同，然而现实主义是必须保存的，民族文化永远是我们安身立命的灵魂！一定要向国际学习，然而，不能一味屈从所谓“国际潮流”和“国际趣味”，失去自己的思想灵魂和民族文化传统。

我从1934年起投身无产阶级革命艺术队伍，至今已经七十二年了，历经第二次国内革命战争、抗日战争和解放战争，从在抗日烽火中演戏、宣传起，到拍摄《三毛流浪记》，始终坚持在党的领导下，为祖国、为民族、为人民、为革命，奉献出我的力量，尽管微薄，但尽了自己的全力，因此，至今仍有强烈的幸福感。

1949年9月，刚结束《三毛流浪记》的后期工作，影片还没上映，我和馥馨意外地接到“中央电影局”的调令，这是上海电影工作者第一份调中央工作的调令，所以朋友们都很羡慕。

多少年来，我和馥馨朝思暮想能到延安去工作，因斗争需要组织上始终未能批准。今天，我和馥馨终于有这个荣幸到毛主席、党中央身边工作，我们心中充满激动和自豪。

《卫国保家》和第一个“表演艺术研究所”

还没有完全从《三毛流浪记》的创作中“跳”出来，我和馥馨就与朋友依依惜别，举家北上。好在没什么家具，早已习惯了随时接到命令就出发。二十多年的愿望，就是到延安、到解放区，北京作为首都，感觉上就与延安一样，我们心里涌动着兴奋之情。尤其是“开国大典”预定在十月一日，我们能有幸参加这有历史意义的庆典，怎么不叫人激动万分！

中央电影局艺委会和艺术处在北京西单舍饭寺的花园饭店，“舍饭寺”原是普度众生的功德道场，但当时却已是一条典型的北京胡同。花园饭店倒真是原来的饭店，虽有花却无“园”，但老北京的味很浓，里边有回廊画柱、隔扇花窗，史东山、蔡楚生等老艺术家都在这里，也有警卫部队。我七岁的孩子，立刻将战士作为崇拜的偶像，每天和大院的孩子一起腻在那儿不走，得到了绑腿、皮带等礼物。那副绑腿带，作为花园饭店的唯一纪念物，现在还保存在家。

我的工作单位是中央电影局艺术委员会，馥馨暂时在电影局工作，后调

1949 年刚调入北京，就参加了开国大典，兴奋激动，特留影

北影演员剧团。

我报到后，即去见电影局袁牧之局长和陈波儿同志，这两位领导在上海电影界很有名气，在《桃李劫》中创造了陶建平、丽琳的光辉形象，因与他们同在左翼影剧界战斗过，尊敬之中多了几分亲热。聆听他们谈工作设想，当前主要是等待、寻找合适的剧本。

对我们来说一切都是“新”的。开始过的是“供给制”生活，所有的干部一起吃“中灶”，配发灰布的军队干部服，跟战士一样的带耳棉军帽。连孩子也配给了小号的军装，一扎起皮带，打上绑腿，与“小八路”无异。当然，更多的是政治方面，平日参加学习，当时百废待兴，土地改革、清匪反霸、城市改造等文件很多，对我们来说都是新的精神。

虽然演剧队曾长期实行民主生活会，但与解放区的政治生活究竟还有些不同，特别是组织原则、上下级关系上“正规”多了。在演剧队习惯了与田老、翰老、夏公亲密无间的家人式相处，到了新环境很自然地有些拘谨，但总的来说非常融洽，精神始终处于愉快、亢奋之中。

最使我们一家兴奋的是，没过几天，就在天安门广场参加了“开国大典”，当我高举着儿子观看第一面五星红旗冉冉升起，听到毛主席庄严地宣布：“中国人民从此站起来了！”馥馨和我真是感慨万千，激动地流出热泪。

空闲的时间，我们首先去看望了翰老、田老、夏公，他们都在中央文化部工作。当然先汇报了《三毛流浪记》的摄制情况，介绍了他们最想知道的上海影剧界状况，也去诸公家里向师母们问安，享受了她们亲手做的江浙佳肴。

我们还游览了北海、颐和园等北京的风光，领略了故宫、天桥、厂甸等北方的风土人情、文化艺术。西单是个热闹的地方，有南北货集聚的菜市、各类货物和小吃杂陈的“西单商场”，还有长安大戏院和小的书场，以及专说相声和大鼓的曲艺场，附近也有曹禺先生《北京人》中江泰如数家珍的北京名菜馆。馥馨幼年曾在北京生活过，对她来说更为亲切。也和老朋友见了面，吴祖光还是那么才华横溢，直言无忌，一次在“广和楼”看戏，一位京剧名角唱得有些懈怠，祖光就坐在第一排正中，故意仰躺着“鼾声”大作。

极为高兴的是和严正弟联系上了，他的东北文工团从延安经绥远、张家口，驻扎在沈阳。乘他出差到京，兄弟俩相见了。这是从 1938 年 9 月在武汉送他去延安，十一年后兄弟俩第一次重逢，在烽火的年月都没敢期望，但多少思念，即使彻夜长谈亦未能解。

1950 年伊始，久盼的新任务终于来了。老区作家、原来是“救亡演剧一

1950 年,《卫国保家》剧照。主演于洋、杨静都是第一次拍电影

队”后和崔嵬领着一批同志去了延安的王震之,根据陶钝同志的山东大鼓书《杨桂香》改编成电影剧本《革命姻缘》。该剧本以“大回忆”的结构,记叙了1944 年,革命老区农民与顽敌反攻倒算斗争的故事。全片以一对年轻农民通过对敌斗争,获得美满婚姻来贯串。此片对当时“清匪反霸”有提高警惕、加强斗争性的现实意义。几天之后,我即连夜写出分场景导演大纲。波儿同志想得很周到,她知道我不熟悉老区的生活,特派林农同志来任副导演,也是执行培养老区的干部学习电影导演的计划。同时又推荐了秀丽质朴的杨静同志,演女主角桂英。她是蒙古族,原名为德勒格尔玛,是一名文工队员,熟悉老区生活。根据这个原则,我选了一个高大英俊的小伙子演男主角德志,他就是后来北影的著名演员、导演于洋。我们四个人又到故事发生地——山东莱阳深入生活。戏拍得还算顺利,摄影师是著名的聂晶。但整个工作时间大大超过《三毛流浪记》,这也是计划经济不计成本的惯例,对这一点,我很不习惯。

影片送审时,文化部部长沈雁冰将其改名为《卫国保家》。影片放映后反响不错,增强了我的信心。影片也成就了一段美好姻缘,于洋和杨静由银幕上的未婚夫妻,成为现实中的情侣。

我那时充满工作热情，一心想为新中国多拍影片。为了工作，下决心把孩子送到沈阳严正处抚养，那里可以安排住宿读书，在北京我们不能照顾他每天的学习和食宿。当我和馥馨狠下心放下他，从东北文工团大院走了以后，又很挂念。不久，接正弟来信说：那天我们走后，他就找不到孩子了，后来发现孩子躲在隐蔽的墙角哭。正弟说：这孩子“倔”。我们明白：他和正弟完全不熟，猛然被独自丢到一个完全陌生的环境，心里的难过和害怕，可想而知。我俩都落了泪。孩子没过过什么好日子，算上南京，已经两次放在外地，他为我们工作也做出了牺牲。

初到电影局报到时，陈波儿同志即交给我一项任务：筹办新中国第一个“表演艺术研究所”，从各地抽调学员。波儿同志为所长，我为主讲教师，后来主演新中国第一部神话故事片《画中人》（王滨导演）的安琪、电影《祖国的花朵》中女教师的扮演者张园等各厂骨干演员，都参加过学习。这个“研究所”后又改为“电影学校”，是今天“北京电影学院”的前身。谢铁骊、巴鸿、邸力等同志都任过教师。我接受导演任务后，波儿同志同意我去拍片，但在空余和改本的时间仍经常去讲课。

艰难的创作

50年代初，严恭夫妇在北京

从1949年9月到1950年末，应该说是很忙碌而充实的。只是不知怎么的，我和馥馨参加革命的时间，组织部门定为从1949年9月起，“左翼剧联”和周总理领导的“演剧队”都不算革命工作，心中有些疑惑和不快，只是服从组织已成我们根深蒂固的习惯，在“左翼剧联”和“演剧队”也从来不会争待遇，所以也就放在脑后了。但从此“从国统区来的”帽子始终扣在头上，比“老区”干部低了一等，似乎永远处于被改造和统战的地位，使我常后悔没坚持和严正一起去延安。

《卫国保家》的摄制是顺利的，但从此直到1954年却经历了很艰难的创作过程。1950年11月26日，电影局正式决定我与话剧《堤》的原作者合作改编电影，并任导演。尽管临近除夕，我还是加紧工作，12月29日拿出一稿，1951年1月2日，就改出三稿。故事是写发展农业生产的，讲述一个复转军人怎么样教育群众，改造落后分子，在未婚妻的帮助下，舍己为公，终于修好了新堤。《堤》是当年有影响的优秀剧目，但不适于电影化，直觉上觉得戏不足，但又怀疑是否自己与工农兵有距离，初次感到很苦恼。折腾了很久，直到1951年3月底，这部戏还是因为剧本不成熟而停止筹备。

此后，究竟拍什么题材？我虽然苦苦思索，但始终没再想拍《三毛流浪记》等熟悉的生活，而是一门心思要拍新中国的工农兵形象。

为了彻底改造思想，熟悉老区和当代农村生活，我下决心深入下去，遂向组织申请长期锻炼。经短暂的政治学习，不久，我即匆忙赶往河北平顺县西庄，著名的李顺达生产合作社。那真是老天考验你是否真心执着的行程：第一日火车抵邯郸；第二日早4点钟赶长途车，孰料开出不久就抛锚，遂改坐胶轮大车，在“猛虎村”夜宿，倒是与我的属相相合，睡得也安心；第三日早，颠簸二十余里，搭上班车，夜11点半抵长治；四日早7点起，步行六十余里，黄昏方到平顺县。真有点唐僧取真经的意思，但再累心里是舒畅的。

县城小得“卖豆腐吆喝一声就出了城”，平顺是山区，用当地话说“见石头比见人多”，既不平又不顺，“不是上，就是下”。在这样艰苦的条件下，李顺达领着村民苦战，不能不使人敬佩感动。我一头扎进农村，了解情况，和农民交朋友，参加劳动，学习农村政策和毛主席著作《组织起来》等。

可是，正当我小本上记满了李顺达的“闪闪发光”的话和“谷锄寸、如上粪”等农谚，“乐不思京”的时候，电影局又发来急电，因为当时导演少，为完成年度任务，我必须即接新片。

1951年真是很困惑的岁月。这时，馥馨在北影演员剧团因无戏演，亦充满了苦恼，反复思量了很久，她毫不犹豫地离开首都北京，毅然只身到沈阳东北人民艺术剧院①工作。我们也开始了两地分居的生活，这都是因为她也是把“工作放在第一位”，所以选择沈阳，孩子在那里亦是重要因素。她在东北人民艺术剧院任业务秘书、院艺术委员会委员、院艺术研究室研究员、演员、导演、教员。

① 东北人民艺术剧院成立于1951年10月，1954年8月东北行政区撤消，改名为辽宁人民艺术剧院。

《结婚》和“副区长”

我回到北京后，接到拍摄电影《结婚》的任务。直到1954年1月，此片数次修改剧本，三次组织拍摄，历时二年零九个月，每个人都到了筋疲力尽，毫无兴味，行话叫“疲”的程度。特别是作为导演的我，已经是痛苦的折磨。电影局亦是无可奈何，不得不通过，其质量可想而知。

这是我一部失败的作品，所以要多说几句，是因为这部戏有一定的典型性。

电影《结婚》是由一部短篇小说改编的，《人民日报》曾发表文章赞扬这篇小说：歌颂了社会主义新农民。故事很简单：一对农村未婚青年，因为修渠、当接生员、完成慰劳任务，甚至和特务搏斗，公而忘私，一再拖延婚期。作为短篇小说，有其及时反映新生活、语言清新的优点，但拉长为电影，则如电影局的评语：存在概念化、主题不清晰、小题大做、缺乏戏剧冲突、人物立不起来、不感人等问题。数次修改剧本，明显不能解决根本问题，以至于作者最后拒绝修改。局里曾一度决定下马，但又因《人民日报》表扬过，再次上马。

《结婚》剧照，蛮有乡村情趣的镜头

客观地讲，当时，无论领导还是业务干部，对于如何发展社会主义新文艺这一新事物，认识和经验都很缺乏，而更深层次的困惑是对艺术要成为政治工具和纯宣传品的指导方针。

当时，许多老

艺术家如老舍等人，其满怀热情创作的作品，都被批评为“阶级立场不清，实际上是错站到剥削阶级立场”。据说苏联名片《我们来自喀郦施塔得》，最初在苏联亦被否定，原因是写了革命水兵的缺点。只是在伏罗希罗洛夫元帅的支持下，得以拍摄，成为名片。后来，我们的电影也总是陷入这个状况，在创作者根本没想到的地方，突然提出有“原则性”的严重政治问题，而哪位高级领导人要是说了话，这个“原则问题”又不存在了，真是无所适从，搞不清客观标准。大概很多人都经历过这种情况。

当时我们的审查则更甚之，绝对化理解“典型环境中的典型性格”即党的先进性、社会主义的优越性。如果影片中群众（不要说一号人物）有问题，就会有人提出：这样表现不典型，错误地反映了基层党组织的作用；再加上一部影片必须听从所表现的部门的审查意见，并有一票否定权，每个部门都要求影片反映本部门是完全正确、最先进的。比如影片中妇女受歧视，“妇联”就要提出：我们的妇女工作不会不管的。这样绝对化之后，写剧本就“顾虑重重”，几乎无法创作下去，即使搞出来也脱离生活真实，没有戏剧冲突。后来，七十年代在武汉拍楚剧《追报表》时，听到当地流传一位有才华的作者撰写的对联，上联是：“愁情愁理愁‘纲’愁‘线’愁眉对愁容愁断肝肠”，下联是：“苦思苦想苦编苦写苦茶入口苦不堪言”，横批是“写不出来”。确是有切肤之痛的真实写照。

到批判《武训传》时，上“纲”上“线”更发展到“文艺竟宣扬了反动阶级的立场、观点”，也就是“反党”的高度。这种理论发展到极端，就是“史无前例”的文化大革命中，所有的文艺作品都是“黑”的、“反动的”，而唯一正确的创作原则是“三突出”。

不是电影局的当时领导人不懂艺术，周扬、袁牧之、陈荒煤都是三十年代的文化人，直接领导革命文艺运动，堪称专家，岂能不懂艺术？而是在大的政治气候下，不能、不敢提艺术规律。

《结婚》不是个别现象，可以说很多的电影编剧、导演那时都遇到过同样的情况，再加上计划经济只重政治，不顾时间的任意拖延，“不求有功，但求无过”的无作为思想，使得导演白白在无艺术性也无思想性的“创作”上，浪费宝贵的艺术生命。而不重视艺术质量，不严格要求摄制组各工种的业务责任的趋向，又使得导演的艺术构思，有如用双手捧起一掬水，到最后，从各指缝里漏得只剩下掌心的一点点。

真羡慕现在的导演们啊！他们享有的创作环境是那么宽松和谐，那么符合艺术规律。

1952年,我居然担当了行政领导——副区长。

在电影局第一次否定了《结婚》后,我像解放了似的,迫不及待地提出再次长时间参加实际生活。经批准后,刚过完春节,1952年2月,我就到河北保定专署,组织上任命我为博野县三区副区长,那里有著名的小王庄模范生产合作社。为了外形上不特殊,我特地到集市上,让老式的剃头挑子剃了个光头,有当时照片为证,可惜后来都被"抄家"了。至今笔记本中还保留当时我的工作日记,和县、区、村里许多干部和老乡的名字以及画的地图。蜿蜒穿过三区的是民俗意味浓郁的"猪龙河",在那里心情非常舒畅,与干部、农民没有隔阂。但正在兴头上,电影局又几次急电催我重上《结婚》。

1952年在河北保定专署任副区长

区长老李看着电报,叹口气说:"老严,说句那什么的话,咱们缘分太浅——还没处够啊!"乡亲、干部们都依依不舍。

组织上郑重地为我这个副区长作了鉴定:作风上艰苦朴素,短时间内就徒步走遍全区,并经常下地劳动和工作,能虚心接受意见,端正态度,能与群众打成一片,老百姓都能和他谈得来。工作认真负责,对推动我区"组织起来"和领导生产上起到相应作用。结论高得吓人:"真正工农化了!"

其实,我才是从心里舍不得大家,"磨蹭"了几天不愿走。临走那天,熟识的老乡罗洛净说是自己要去蠡县,要我搭他的胶皮车。我知道他是特意送我,一路上聊不完的话,晚上请他喝了点酒,两人也不去住店,围着毡子在大车板上,边喝边聊了整整一夜,才得以尽兴。

有时想起来,我们为什么下乡、下厂可以得到工农群众的认同,得到很好的鉴定,而拍的电影总是不对呢?那个年代,这并非是我一个人的困惑,但真是个想不明白的问题。于是,只有在自己身上找原因——还是自我思想改造不够啊!真心希望多在工厂农村深入生活了。

引以欣慰的是,馥馨此时翻译了苏联名剧《曙光照耀莫斯科》,在东北人

民艺术剧院演出，严正以院长职任导演，她任副导演，立即轰动了全国，各地剧院纷纷跟她要剧本。东北人民艺术剧院奉调进京演出，亦是反响热烈。为了躲避要票的人，我们兄弟俩只好躲到北海公园五龙亭茶座，倒是有了长谈的机会。

《曙光照耀莫斯科》荣获全国第一届戏剧汇演“翻译一等奖”、“演出一等奖”等多项荣誉。只有我知道馥馨的心思，她经过奋斗，终于如愿为人民做出了贡献，这是“演剧队”养成的“习惯”。这项成就，是我俩几年困惑中最大的收获。

电影《结婚》的拍摄过程，现在看几乎不可思议，以至于电影局收发室原来是老茶房的大爷，一见着我就关切地问：“您那‘婚’还没‘结’完哪？”我只能哭笑不得地回答：“可不是，还没哪。”外人猛一听，还以为我不是精神病就是见异思迁的坏人。当时，电影局流传两句话：“斩不断的‘魔爪’，结不了的‘婚’。”说的就是陈鲤庭的《斩断魔爪》和我的这部片子。《结婚》第二次拍摄历经重重困难，1953 年 2 月即送审，直到 5 月 20 日才批复修改 188 个镜头。补拍后，当年 11 月 16 日原则通过，但还要修改，到 1954 年元月方完全通过。就这么一部简单的影片，却历时两年零九个月。

《祖国的花朵》

接下来拍什么？我决心不再拍《结婚》之类的作品，申请暂不接受任务，只想深入到工农生活中。

1953年，我由中央电影局调入东北电影制片厂，即现在的长春电影制片厂①。

1954年3月19日，电影局副局长荒煤同志找我谈话，并交给周立波夫人林兰同志写的剧本《祖国的明天》（后拍成电影名为《祖国的花朵》），其中孩子的一些生活打动了我。但是问题依然很多，全本结构松散，无戏剧冲突，人物性格仍然不鲜明，长度超过两部电影。作者亦表示不愿再改。我思考再三，仍抑制不住对儿童片的热爱，决心接下任务。

我还保持老习惯：一旦工作，就全身心地投入，改本、找景、找演员。

必须要讲的一件重要的事是：我约请了苏里任副导演。在《结婚》的拍摄中，我们有过接触。我觉得他工作极其认真、负责，有很好的艺术素质和创作能力，更重要的是人品淳厚、坦诚，与人为善，这是我极为看重的。他亦欣然同意，从这部片子开始，我们长期合作，而且成为贴心的挚友。他参加革命早，给了我许多帮助，特别是在一些关键的时候。我亦把所有的心得、体会、技巧都教给他，并真诚祝愿他早日独立拍片。可贵的是他也热爱孩子，有了他的帮助，工作顺利得多，许多事都可以放心交他去做。

在分镜头上，我坚持做扎实、做细，这样拍摄才能顺利，心中有数。为此第一步的工作并不是直接分镜头，而是首先做好三方面的基础工作：第一是分析剧本，重点为体现主题的戏剧冲突和由此产生的贯串行动，进而勾勒出节奏曲线和发生、发展、高潮的曲线，包括全剧和主要场次的高潮；第二是人物性格的分析，弄清变化、发展的阶段；第三是由人物的最高任务而产生的

---

① 长春电影制片厂的筹备始于1945年日本投降之后，当时命名为东北电影公司，1946年10月1日正式命名为东北电影制片厂。1955年，改名为长春电影制片厂，它是新中国第一个电影制片厂。

动作的最高目的,必须要和全剧的戏剧冲突高潮相吻合。这三点之间是有机联系的。另外,导演拟处理的风格样式,也影响到全剧的节奏等艺术元素。这三方面做扎实以后,才能进入分镜头,也才能准确地分好镜头。尽管实拍不会与分镜头完全一致,但我仍主张对镜头的艺术处理、任务、演员情绪、机位角度、包括长度秒数都先定下来,大部分不应再变,一部分要即兴创作或因拍摄条件所致引起改变,也能心中有数。

分镜头是导演艺术构思的基础,而挑选小演员,特别对儿童片来说,更是成败的关键。

经验告诉我,儿童演员的处理是个系统工程,它开始于"选择"。选择的标准,是导演根据剧作而构想的形象,主要分以下几要素:外形、年龄、基本性格特征和内在素质。《祖国的花朵》从接到剧本到拍摄工作结束共 237 天,其中边改剧本边找小演员,就用了 137 天。经验告诉我这是值得的,也是必须的。正因为准备工作扎实,和苏里合作默契,影片拍摄是愉快而顺利的,我和苏里也结下了五十多年的深厚友谊。在长影五十年大庆时我曾赠诗一首给他:"相知相识五十载,同涉银海育花朵。耄耋之年逢盛事,坦谈人生怡乐多。"

我一直坚持演员必须内在素质、生活经历尽量与角色相近。拍摄《祖国的花朵》时,根据角色规定,"杨永丽"生活于知识分子家庭,其扮演者张筠英,就是从家庭条件较好的集聚点——培元小学挑选的;而"江林"是工人的孩子,我们就从劳动人民居住区——豆芽菜胡同小学选择了李锡祥。我们还对每个孩子进行家访,尽可能全面了解情况。

我去北京培元小学时,礼堂里正开联欢会,舞台上几个穿着花衣裙的女孩子伴着琴声活泼地起舞。我挤到台前拿起相机,几个小姑娘一下子害羞地躲开。突然一个小姑娘蹿进镜头,摆了个舞姿让我拍,然后笑着向我眨眨眼,又回到舞蹈的队伍里。我换了个角度,又举起相机,她又像蝴蝶飞来,在取景框中停住不动。她就是后来影片中美丽、好强、能歌善舞又喜欢拔尖儿的"杨永丽"。

选择儿童演员是导演的主要工作,我甘愿亲自奔波、挑选。这是件有意义但艰苦的工作,需要顽强的毅力和饱满的热情,并抱有"一定要找到理想的孩子"的决心。这个过程要留足时间,找不到宁可延后开机。《三毛流浪记》在经费极度缺少的情况下,找"三毛"也费时几个月;《祖国的花朵》近两个月;而我执导的另一部儿童片,因种种原因,找儿童演员的时间只有三天,选择的孩子并非不优秀,只是不太符合角色,使全片质量受到重大影响。这是儿童片导演,包括电影厂应该充分重视的。

选定儿童演员以后，如何引导儿童演员的艺术创作，是与其他片种相异的特殊点，也是影片成功与否的关键，因此也是儿童片导演最重要的任务。

斯坦尼斯拉夫斯基曾充满热情地、对渴望成为表演艺术家的青年演员们说："当你们在艺术中达到儿童在游戏中所达到的真实和信念的时候，你们就能够成为伟大的演员了。"这段论述把儿童作为了表率和标准，但是，那只是局限于"游戏"中的儿童，他们决不能和职业演员相提并论，决不可能像演员一样"自觉"地进行角色创造。对于五六岁，甚至十一二岁的儿童，要求他们明白并掌握角色的最高任务、贯串行动、规定情境是不可能的，但是作为艺术片的儿童演员却也必须遵循表演创作的艺术规律。这个矛盾，就是儿童影片的最大难点。儿童片的导演承担着比其它影片更重的任务，就是处理好儿童演员的艺术创作。尽管是非职业演员的儿童，我仍称之为"艺术的创作"，因为他们同样要塑造不同于自身的影片艺术形象，这必须经历由内心到外形，到形体动作、表情、语言的心理艺术创作活动。

斯坦尼所说的"游戏"，是大家经常看见的儿童日常活动。他们聚在一起"过家家"、"坐电车"、"官兵抓强盗"，玩得兴致勃勃，全情投入在假定的情境中，对用"假装"、"好比"等语言虚构的人物身份、人物关系、任务和行为，洋溢着坚定的信念，但又极其自然，毫不做作，像"真事似的"。这种"魔力"就是大师要求职业演员，以全部精力去追求的令人信服、极其自然的"真实感"和坚定的"信念感"。

对成人演员来说，这个过程是要"善于在舞台上把自己引入自然的、正常的创作自我感觉……"（斯氏语），但儿童演员不可能自觉地找到艺术的"自我感觉"。这个任务，我想到要由导演善于营造"游戏"——即"规定情境"、戏剧动作，并自然、顺畅地"引领"儿童演员进入这个"游戏"，而且要牢固树立其真实的信念。这就是导演带领儿童演员艺术创作的工作难点，是其功力所在，也是极富魅力和快乐的任务。

在表演的准备阶段，对职业演员，包括业余的成人演员，主要是从理性分析入手，通过"感性"的体验生活，以了解角色，进而掌握角色，再进而寻找准确的角色自我感觉、内心感情，进而设计出相适应的外部动作。整个过程是起始于理性，理性与感性反复交织，贯串始终。

儿童处在身心成长、性格没定型的阶段，我认为没必要、也不可能专门培养儿童演员，因此全部是从学校、幼儿园、少年宫挑选的业余演员。他们不具有成人演员的理性分析和理解能力，也不能通过自觉内心体验等科学的表演技能掌握角色。但是，即使是儿童，角色仍然是"演"出来的，角色的自我感觉也必须掌握得准确、深刻，作为艺术形象的创作，并不能因为是儿童演员而打折扣。所以在这一阶段里，从孩子们进组开始，我就全力、仔细地营造好准备拍摄的“游戏”，在“游戏”中引导孩子感性地进入角色。

以感性为主，这是儿童演员不同于成人演员的特点。

这里肯定有理性的成份，它包含几方面的内容，甚至开始是讲解电影是怎么“拍”出来的。小演员对电影充满了神秘感，所以要充分满足他们的好奇心，与其压抑，不如一开始先主动、全面揭开电影的“秘密”。我领他们参观电影厂各部门的工作，耐心回答他们提出的“电影十万个为什么”。然后，重点讲演员的工作和意义，一边观摩电影，一边请他们熟悉的著名演员（我请的是石联星、陈强、谢添、于洋等）来座谈，当场给他们表演，明确演员工作的意义，使之有一种荣誉感。同时也要解决不愿意扮演淘气的、被批评孩子的“小心眼儿”，当然，也必须讲解拍摄的具体要求，拍电影毕竟是科学的产业生产，对演员来说有技术上的要求，比如走地位、测光、分段拍摄等。

第二步则是小演员接触、了解角色的过程。我是通过“角色作业”来进行的。孩子们进入摄制组，在心理上就有被尊重，与成人演员一视同仁的要求。所以在摄制组分发剧本时，我坚持在给小演员的剧本上，同样郑重其事地打上编号，写上角色和本人的名字，并在集会时，由我郑重地亲手发给每个人。没想到这个细节，竟使他们激动起来，并产生自豪感和责任感。进而，我给他们留下“角色作业”，内容为：剧本讲述了什么故事？你扮演的角色在故事中都做了什么事？为什么这么做？你的同学、朋友里有这样的人吗？这实际上是初步了解自己角色的贯串行动、最高任务以及与全剧和其它角色的关系。但这件事是像学校里课堂作业那样进行的，规定几天后交“作业”，每个人要讲出来，于是大大提高了他们的积极性、主动性。他们像学习功课一样仔细看剧本，互相议论、交谈、记笔记。

这些都是拍摄前不可缺少的理性准备，这种准备决不能是严肃的报告讲话、长时间的理性分析，而是使孩子们“感性”地明白、理解拍电影这个“游戏”多么好玩，多么重要，都有些什么“游戏规则”，而每个人在游戏中担当什么角色，本来就是游戏中必然的内容。自豪感、责任感正是儿童游戏中强烈真实感、坚定信念的具体表现，诚如扮演“官兵”的正气，扮演“司令”的威风一样，调动孩子本人的积极性、主动性，使其怀着强烈的兴趣参与“拍摄的游戏”是关键。

孩子与角色大约分为同时代熟悉的、虽同时代但与本人生活迥异的和不同时代完全不了解的三种情况，要分别对待。

《祖国的花朵》的演员们

对于孩子不熟悉的角色，需要像大人一样体验生活。对于与角色生活贴近的状况，主要是帮助小演员扩展自己的生活，营造“游戏”的氛围，使之更好、更快地与角色融为一体。在《祖国的花朵》的准备乃至实拍阶段，我采取的是从“生活进入角色”的方式。

十九名孩子来自十一所学校，他们将演出北京小学五年级三班发生的故事。虽然是神秘的电影摄制组，但孩子们一进来看到的却是熟悉的教室，甚至里面有“图书角”、“生物角”，墙上有少先队中队的“壁报栏”，还有自己的宿舍。老师、少先队辅导员、保育员(我们事先聘请好)，都在亲切地欢迎、接待他们。分配角色不久，孩子们自己选举了“中队委员会”和小队长。可喜的是，我们选择的扮演片中中队委的赵维勤、柳青，因其稳重、乐于帮助同学、处处带头，不需要我们“做工作”，都如期当选了，说明我们的眼光是准确的，要知道赵维勤一直担任大队长呢。从此，我都以角色名来称呼每个孩子。

北京小学五年三班的少先队中队开始活动了：拟定帮助杨永丽、江林(李锡祥这小家伙的功课确实需要帮助)同学的措施，出墙报，开生活会，组织大家去划船、爬山、练舞蹈。其实少先队开会讲的内容，是导演布置的任务和提醒注意改进的事项，划船、跳舞也是影片中必须的技能。小演员中队的活动尽量配合戏进行。在角色“身份假定性”被孩子认可后，孩子们就逐渐向角色靠拢了。在这个基础上，导演再进一步与小演员分析、讨论角色，就水到渠成了。

儿童心理学告诉我们：儿童对许多活动都自发地倾向于“游戏”。于是，我有意识地形成孩子们自己作为主人的“游戏”，如果换成导演训教，我想则会弄得很僵。现在看，从“生活进入角色”的效果很好，保证了拍摄顺利进行。当然，这绝非唯一的方法，但我认为所有方法的精神实质都是要符合儿童心理的。

我们看重孩子们的主人公意识，尊重他们。片中插曲《划船歌》以其优美的旋律，脍炙人口，但是很少有人知道，文化功底深厚的名家乔羽作的歌词优美，生活气息浓厚，才华横溢的作曲家刘炽曾写了两首配曲，我们请吕大渝、王玲、柳青、郭言等几个孩子来听，她们一致选择了现在这首，理由只是“这像小孩唱的”，我们就定下来了。另一首，吕大渝长大了以后，唱给同事们听，都反映挺好听，不过是给青年人写的。就连影片片名《祖国的花朵》也是听了孩子们的意见改的，原名是《祖国的明天》。

但凡事皆有利有弊，在整个拍摄过程中，对于儿童演员，导演要注意掌握分寸和“度”，要认真、细致，处理得当。比如，前边说的“发剧本”的措施是很必要的，但小演员交了“角色作业”，座谈会开完后，应立即收回剧本，讲明替孩子们保存。原因是，中国教学千百年来有“背书”的习惯，这些小演员聪明、伶俐、好胜，会迅速地、出乎你的意料之外地把台词背得滚瓜烂熟。但同时也将生动的、有感情的台词，念成毫无内心依据、拿腔拿调的句子。一旦念僵了，要纠正过来极难。而台词少的孩子，更会误解自己没什么任务而懈怠。这些，都是我从教训中得到的经验。

准备阶段的“排戏”亦是细致的工作。对于低幼孩子不宜排练，而学龄期间的儿童演员排练重场戏，可以使其熟悉角色行动、规定情境，消除生疏、恐惧、紧张情绪。作为导演应充分掌握儿童心理：他们不善于理性分析，注意力不能持久，一场戏可能一下子就“走”过去，演出了“结果”，忽视了“过程”。因此，应根据情绪发展的阶段，适应镜头分切，一段一段地排练。既排，则万不可草率从事，要从内心情绪启发演员。实际上，这也是表演基础的训练，如果草率，则形成错误的表演方式。

但排练不宜反复多次，过于“成熟”，对孩子来说会形成机械、固定、僵化的动作，失去实拍时宝贵的新鲜感，失去情绪发展和因现场互相刺激而出现的真实感。

孩子是好动多变的，不善于选择、确定哪些是正确的动作、表情，但会随时闪光，出现精彩的瞬间。排练时导演应密切注意，并随时记下这些“闪光点”。在实拍时，帮助小演员回忆、再现，特别是在现场没有更好的动作时，可以推动、启发他们找到角色的感觉，有时能较快使其出现真实、生动的表演。

无论是斯坦尼对成为“伟大演员”条件的论述，还是儿童游戏基本的前提，都强调强烈的“真实感”和坚定的“信念”。这实际上就是进入艺术创作的氛围和情景。因为儿童演员不能掌握表演的各项元素，不能自觉进行角色的创作，在“实拍”阶段，作为导演的我，主要工作就是要营造“拍摄游戏”的真实感，并小心翼翼地精心维护，进而才能引导他们进入角色，在规定情景中启发他们的想象，表演出真实的情感和动作，成为“伟大的演员”。

在颐和园万寿山下，拍摄“杨永丽、江林宣誓入队”的戏时，我们大胆地将接受新队员入队宣誓仪式的准备工作交给中队。由中队委员会研究工作，分配任务。孩子们立刻认真地忙碌起来：准备新红领巾、组织小乐队（道具员退居辅助的地位），而且在辅导员（导演）的帮助下，自己排练仪式。拍摄的当天早上，扮演杨永丽和江林的张筠英和李锡祥，一起床就看到了中队为庆贺他俩入队新出的墙报。全摄制组也都好似面临严肃又喜悦的一件大事，张贴了庆贺的标语，连炊事员也特意蒸了点上红点的糖包子，使得两个“新队员”还没到外景地，就兴奋、激动起来，于是“庄严的入队仪式”、“真挚、激动的宣誓”，顺利地拍摄成功。

在拍摄“期中考试”一场戏时，我请补课的老师根据学习进度真的出了试卷，并宣布这次考试是要计入成绩的。孩子们立即进入规定情景，这时对主要演员悄声地个别启发、布置就很顺利了。

可爱的孩子们，如果认定这个“游戏”是真实、合理的，他们没有成人演员患得患失等杂念，会很快进入规定情景。

重要的前提是真实，有真实才会有坚定的信念，使儿童演员坚信自己角色的行为是真实的，他们的表演才会真实、生动，所以营造“真实”是导演的根本任务。

《祖国的花朵》中有一场带点惊险意味的戏：江林和刘小天在胡同里打架，中队长梁惠明拉不开这两个调皮蛋，正在这时候，一辆汽车疾驶而来，梁惠明挺身向前挡住。就在实拍时，一个多嘴的人说他根本不相信十一二岁的孩子会做出这样英勇的举动。于是扮演者赵维勤，顿时茫然不知所措，怎么也喊不出“停车!”这两个字。我立即下令停止拍摄,没斥责任何人,把赵维勤带到阴凉的地方,让她喝水、休息,这时组里另一位同志给她讲了个故事,那是自己才八九岁时,看见邻居小伙伴掉到水沟里,自己也不知道怎么,就跳下去救他……我也讲了《中国少年报》上登的真实报道,赵维勤很快就自然、真实地冲向了汽车……

这说明孩子们的信念非常“脆弱”,实拍中的一些细节,在成人演员不是问题,但对孩子们则会出乎意料之外地使拍摄无法进行,真是要导演精心呵护啊!

在长春拍内景时,外面已是银装素裹的冰雪世界,摄影棚里却是明媚的初秋:9月1日新学年开学的第一天,后进的杨永丽更热爱集体了,她悄悄从家里拿来一盆妩媚、绚丽的菊花,放在老师的讲台上。冯老师进来,欣喜地问:“是哪位同学放的?”大家都赞许地看着杨永丽,她不好意思地低下了头……这场戏并不复杂。

但在我喊了“开始!”以后,却发生了异常情况:好几个孩子悄悄地交头接耳,只听到他们议论:

“冬天哪来的花?”

“是假的吧?”

“嗯,是真的!”

“我不信……”

我立即喊“停!”,并叫孩子们都来看菊花,他们争先恐后,议论纷纷。道具员叔叔告诉大家:“这是老师傅用皱纹纸做的。”

我抓住时机,问孩子们:“你们看像不像真的呀?”

“像!像极了!”

“拍完了戏,我带大家去参观道具制作好不好?”我宣布。

“好!——”孩子们乐得跳起来。

“那好,咱们现在继续拍戏!”

这次,孩子们由衷地对菊花产生真实感,大眼睛里闪着赞叹的光芒。

又是一场学生的戏:

还是在教室里,不出场的冯老师问:“江林的暑期作业完成得很好,江林,你是怎么进步得这么快的?”

江林高兴地起立,感激地指着杨永丽说:“是杨永丽帮助我的。”

同学们又对杨永丽投去赞许的日光。这也是简单的过场戏。

如果是职业演员,就由场记或副导演代替冯老师“搭”句台词,考虑到是儿童演员，我们还特别请冯老师的扮演者张园来到现场，站在摄影机旁说那句台词。很简单的事，却又出现孩子们接不上情绪的问题。我连忙寻找原因，突然意识到：张园今天穿的是日常服装，也没化妆，特别是她那件漂亮的花毛衣，更引起女孩子们的羡慕、议论。小演员们不认识冯老师啦！于是失去“信念”，跑出了“戏”！我当即请张园去化妆室，等她回来的时候，又是“五·三班”熟悉的班主任了，当然拍摄也就正常了。

这使我感到孩子是十分敏感的，必须精心细致地呵护。从此，在我们儿童片摄制组，形成不成文的规定：成人不出场给孩子现场“搭戏”，必须化妆，穿上角色服装。

由于拍电影不像话剧演出那样一气呵成，需要布光、候场，孩子天生注意力不能长时间集中，于是，防止“散神儿”亦是重要的问题。这需要全组的紧密配合，更需要各部门具有过硬的、高超的技术，特别表现在“外景抢拍”上。

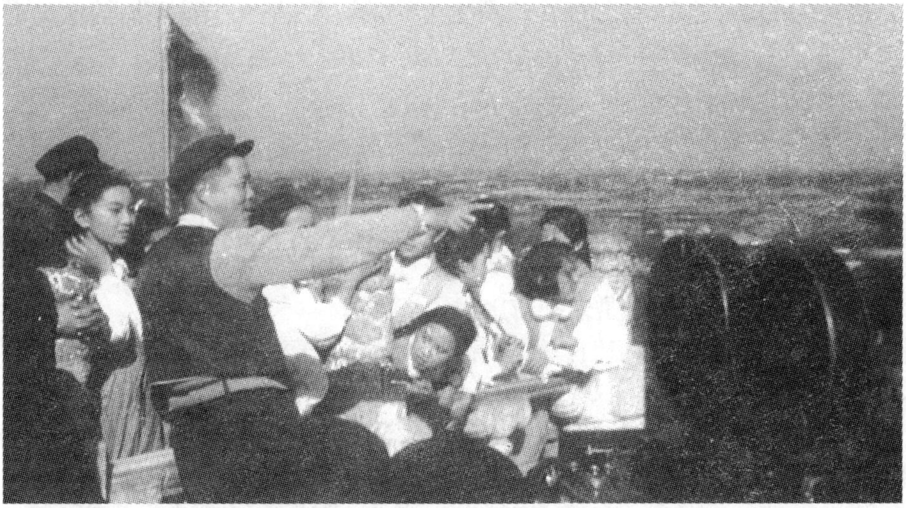

1954 年在天安门城楼上拍摄《祖国的花朵》中“六一”欢庆场面

儿童片的外景拍摄，由于小演员不具备职业演员“当众孤独”的本领，极易受到围观群众的干扰，尽管解放后的现在，比解放前条件好得多，可以请交警截断、阻挡行人交通，维持秩序，但我仍认为应当运用“抢拍”，在孩子注意力集中、保持“新鲜感”的时候，快速完成。

小演员的被干扰，来自许多方面。在《祖国的花朵》拍摄时，摄制组内把“不能和小演员乱开玩笑”定为纪律。不仅如此，我还要求以“厂部”和“团委”的名义，向全厂正式下发文件，不得因为喜爱儿童演员而随意逗他们。

在实拍重场戏时，从《三毛流浪记》开始，即用“圈住”的办法，避免儿童演员“散神儿”，即由一位副导演从孩子起床开始就陪着他，说戏，引导他进入规定情景，培养情绪，防止外界干扰，直到拍摄。这也是被实践证明有效的措施。

总之，在实拍中，处理儿童演员的所有问题均应考虑到儿童的心理特点。

对儿童演员的“启发”，切忌概念地、用孩子不懂的语言讲大道理，要尽量“具体”地将角色在戏剧发展中的行动，详尽地告诉他们。特别要充满感情地描述角色的心理变化，像讲故事一样讲述角色的命运，唤起记忆，感染情绪，在不知不觉中将他们引入规定情景。尤其是小演员表演激动的感情时，更需要耐心地用这样的方法来培养他们的情绪，直到适宜的时机，再用激励角色的话加以“刺激”，就可以使孩子像水坝打开闸门，涌出感情的激流。

前面说过，准备阶段的“排戏”，不宜反复多次，同样，在实拍时，一个镜头也不宜多次拍摄，保持孩子的“新鲜感”至为重要，动情的戏最好一次完成，这需要导演对这个孩子的熟悉和了解，掌握他的心理活动，善于用儿童语言准确地诱导，也需要各部门密切地配合。

同样，导演对儿童演员的“示范”也与对职业演员不同，对成人可以示范直接“结果”，使其正确把握角色感觉和节奏；对儿童演员则要更多地讲述自己相同经历下的心理感觉，耐心地示范出情绪变化发展的过程，直到最后结果。只要你表现的是角色的真实感情，孩子会从导演的具体动作、表情受到启发、感染，并自然地产生出他自己的动作，真实地表现角色的细微感情。

我认为，拍好儿童片，最“根本”的还是热爱孩子，不能本末倒置，只在“拍”上下工夫。

建立一个热爱孩子的集体，是我努力的目标。我们请来了上海的优秀教师顾老师、四十中学的年轻辅导员柳兰（这位秀丽的姑娘，后来竟被枉定为“右派”），甚至还有厂医务室的医生、负责孩子们生活的保育员和长影厂最好的厨师。这是摄制组，又是学校、保育院。

两大噩梦经常在夜里把我惊醒：一个是孩子意外受伤、生病，就像“上影”拍片时汽车刹不住，撞断了演罢工领导人的演员的腿；一个是拍完戏，孩子们的功课都“落”下了，没考上初中。于是半夜起来到他们宿舍里，不放心地转一圈，给调皮的小家伙盖好被子。值得庆幸的是，孩子们的功课都很好，多半考上了自己的第一志愿中学。

与吕大渝在北海外景

至于受伤的，只有因其瘦，外号叫“搓板”，又因极调皮、身手灵活、经常爬高上低而称为“消防队长”的吕大渝一个人。那是中队在太平湖游玩的时候，她和演“江林”的李锡祥追打，把膝盖划开像鲤鱼嘴似的口子，鲜血直流，吓得我抱起她就往积水潭医院跑，缝了几针，留下了永久的疤痕。后来才知道，是她首先“挑衅”，跳着脚数“快板”：“胖子胖子打麻将，该人钱，不还账，气得胖子直尿炕！”引得男孩追打她。对这个调皮又可爱的小姑娘，你有什么办法呢？几十年以后，她却成了中央电视台第一批播音员，主播重要新闻，陪邓小平同志访日时，其天生丽质和优雅的风度震动岛国，被称为“下凡的仙女”。

我是那么爱这些孩子：著名高能物理学家赵忠尧的女儿赵维勤，演品学兼优的中队长，在生活中她就是这么可爱，拍戏的时候发烧到39度，还怕误了拍摄进度而不肯说。她一直成绩优异，后来也和她父亲一样成为高能物理专家；小姑娘都极为钟爱自己的两条长辫子，当美工师希望造型多样时，腼腆秀丽的王玲，却第一个站出来自愿剪成短发，果然她现在成了为人表率的特级教师；懂事又心灵手巧的柳青，“眼里有活”地默默作了许多事；当人们都穿上棉衣的时候，我们还要在北海公园补拍夏景，所有的女孩子都要穿着短袖衫和裙子，但她们却都有极强的敬业精神，没一个畏缩的。张筠英演美丽任性的杨永丽，跳舞的时候，裙子总是不能“飘”起来，她急得哭了。原来是服装阿姨怕她冷，给她加了条羊毛裤，她立刻脱下来，完成了动作，她现在是中央戏剧学院表演系的教授。

每当有发烧的孩子，我都接到自己屋里，亲自照料，我忘不了她们烧还没退，就央求我明天就拍戏的恳求眼神。吕大渝这个没一刻安静的小姑娘，赵维勤这个一直当大队长的孩子，只有这时才依偎在我怀里撒娇。是的，我深爱她们，直到半个世纪后的今天，我们仍然亲如一家。

当然，我也忘不了摄制组的全体同志们为拍儿童片付出的心血。一部影片“打响”了，社会和媒体往往只关注演员，行内则看重导演，相比之下，无名英雄们的高尚品质更值得赞颂！我忘不了深秋天气跳下北海推船的小伙子们、辛勤照料孩子们的教师、炊事员……在大家的共同努力下，这部电影于 1955 年 1 月顺利通过审查。

《祖国的花朵》是描写新中国儿童生活的第一部影片，影片放映后，得到从领导到百姓，从孩子到大人的一致厚爱，迅速在全国城乡放映，“让我们荡起双桨……”的歌声可以说走到哪里都可以听见。

电影的影响力是巨大的，这亦是她让人着迷之处，一部电影真正深入人心，则必然对社会生活产生影响。《祖国的花朵》凝聚了人们的理想和心愿，体现了对少年儿童——也就是祖国未来深切的爱和美好的期望，因之，竟然从影片放映以后，在报刊文章甚至政府文件、日常口头语里，“少年儿童”一词都被影片片名“祖国的花朵”注释和替代，时至今日，仍然在使用中。“祖国的花朵”已经成为我国少年儿童的象征，影片影响了我国几代人的成长。这是我们儿童影片创作人员的最大欣慰。有此回报，什么苦累都是甘甜的。

1980 年，在文化部、教育部、团中央、全国文联、中国作协等八部委联合举办的 1954—1979 年“第二次全国少年儿童文艺创作评奖”中，《祖国的花朵》被授予一等奖。片中由乔羽作词、刘炽作曲的《划船歌》获得“儿童歌曲一等奖”，其优美的旋律和歌词，至今被群众喜爱、流传，亦被歌唱家作为“经典曲目”而演唱，维也纳等外国童声合唱团来我国演出，作为奉献给东道主的礼仪性曲目，也选了《划船歌》。

进入新时期，经中宣部、教育部、团中央、中国广播电影电视总局评审，《祖国的花朵》获得了“最适宜少年儿童观看的影片”的荣誉。

然而，我更看重的是人民群众心中的评价。这部影片，由于时代所限，今天看来也许情节有些简单，有许多需要改进提高的地方，我也和所有的电影人一样，时刻考虑什么样的影片能深入人心，什么样的电影能被历史所记忆，创作什么样的电影奉献给观众，。

的确，《祖国的花朵》没有离奇的情节，也不是重大题材。然而，影片所拍摄的 1954 年前后，经济发展，人民生活得到很大改善，特别是政治生活公正、和谐、友善，整肃式的大规模政治运动还没开始。影片体现了普通百姓对美好、和谐、友爱的理想社会生活的向往和歌颂，而这美好的社会生活、和谐的人际关系，正是人们浴血奋斗时的理想和动力，这是当时社会的心态、理想和愿望。分析国内外的经典电影，并非是靠离奇取胜，但都必须能准确的反映社会心态，这是影片成功的灵魂。

不少人与我并不认识，见到我的第一句话却是：“我是看着您的《祖国的

朱德、董必武视察长春电影制片厂，左一为严恭

花朵》长大的。”《祖国的花朵》已经成为我国一个历史时期的象征，这是对我最高的褒奖。

《三毛流浪记》拍摄已经过去近六十年，《祖国的花朵》也已整整半个世纪，当初与小演员们亲如一家的情谊，至今却仍依存如旧，并且随着对人生的体会，年轮的积淀，甚至更加深厚。岁月和患难是真情的试金石，尤其是“文革”中，在我的家庭极度困难的时刻，他们以无私无畏、亲人般的帮助，证实了这情谊的淳厚。

是的，跟孩子们在一起进行艺术创作是温馨、愉快的日子。可爱的孩子们天真无邪，一旦进入规定情景，表演出的真情实感，即使是职业演员也难能达到那美好的境界；他们纯净的心灵，童稚的真情，使你的心灵得到净化和陶冶，那是艺术的享受，也是人生的温馨。

我永远挚爱儿童电影事业，永远深爱着你们，孩子们！

难忘的时刻

1955年3月，批准入党后与蓝馥馨合影

1955年对我是个重要的年份。

1月6日，电影局审查《祖国的花朵》顺利通过，荒煤局长和看过的人都很满意。局里透露，准备带此片去参加“亚非会议”。

1月7日，我在招待所搞好了修改方案，心里仍不安稳，又专门请电影局的外国专家看片，详谈意见，意外地得到肯定，甚至赞扬。我明白，我的坐立不安主要是在考虑：是否决定今后的主要发展方向是儿童片。尽管很多人，包括荒煤同志都这样鼓励我，但我自己要衡量一下。我知道，自己在各方面都还要“加把劲”提高，可是，促使我决定搞儿童片的有一点——那就是我太爱孩子们了。

影片通过后，我在北京接从长春返回的孩子们，在车站就一一交给家长，可是孩子们依依不舍，在月台上不让我离开，个个大眼睛里都含着泪花，最后，赵维勤、李锡祥等还是先不回家，跟着我回了招待所……

孩子们哪里知道，我一个人回到长影，触景生情，想他们都想得有些受不了啦！我怎么能不下决心搞儿童片呢？

就在这种心情中，群众会议一致同意向党组织推荐我入党。我很感动，你真心做了一点应该做的事，大家都看在眼里。尽管我还有不少缺点，工作时，由于我的思想方法和工作方法的问题，引起些磕磕碰碰，但这就是群众！

不平凡的时刻到来了，1955年1月22日的支部大会上，由李莫愁同志主持，我的介绍人袁小平同志发言（另一介绍人翟强未在长春），特别讲述了对我历史的审查，尤其是“演剧队”这一段。同志们都很认真、严肃，也很热情，充分肯定了我的成绩和优点，也严肃地指出了我的缺点和前进方向。

最后，一致通过我为光荣的中国共产党党员。

至今，我仍记得举手表决是下午“四点零六分”。我的心情不是只用“激动”两字能说得清的。

1941年在新中国剧社筹建时，我即向杜宣同志提出过入党要求。他悄悄回答我：以后再说。同时鼓励我办好剧社，为抗日多做贡献。

解放后杜宣同志告诉我，为了保存新中国剧社这个以民营面目出现的党领导的剧团，根据中共南方局决定，在白色恐怖的时期，剧社内没有设立党支部，也没有发展新党员。可这一下就拖到1947年新中国剧社解散，紧接着我就到新的岗位拍《三毛流浪记》，转过年，上海就解放了……

十几年后，我终于真正迈进到自己的“家”了！

文化部第一个“儿童影片创作小组”

电影《祖国的花朵》拍摄对我十分重要，我又找到了自己艺术创作的方向。我和苏里合作默契，尽管《祖》片内景结束后，他就接受了《平原游击队》的导演任务，但仍在到我家谈心时表示希望长期合作，这正是我的愿望。于是我们俩商议，正式提出成立“儿童影片创作小组”。长影厂党委很快上报到中央文化部。

儿童片是很重要但又极缺乏的片种，很容易费力不讨好，与大题材和艺术片相比更难以“出名”，这是需要甘于辛苦和寂寞，富于奉献精神的，加之对其艺术创作规律研究甚少，所以当时专心创作的人寥寥无几。但我们深爱孩子，为了少儿电影愿意献出一切。在《祖》片摄制时，中央电影局就十分重视，给予很多帮助。上报不久，1955 年 11 月就批复：同意由我和苏里任正副组长，成立“儿童影片创作小组”，并寄予厚望。这是一则很少有人知晓的史料。

“儿童影片创作小组”是新中国建立后第一个正式由文化部批准的少儿创作集体，建国后第一次有组织、有艺术质量的儿童片成批量生产的运作，根据现有资料似乎也是唯一的。

我因为早已开始行动，得到批复更是大干起来，从 1955 年到 1959 年，我们一口气抓了十几个剧本，四年间正式投拍了六部电影，平均每年 1.5 部，并首创了第一部“低幼儿童片”，其中的《红孩子》、《朝霞》

严恭做导演阐述的工作照，墙上贴的是分场景表

都是内容和艺术俱佳的影片，在我国电影画廊中增添了新的艺术形象，得到了国家领导和观众的赞扬，为儿童电影事业做出了贡献。对于我个人，这是一段值得怀念的美好时光。

《罗小林的决心》

在苏里筹拍名震遐迩的《平原游击队》的时候，我看中了著名儿童作家张天翼的小说《罗文应的故事》，写一个调皮的男孩子贪玩，不爱惜时间的故事。我去见天翼同志，说服他取得改编权，并回厂聘请老友——名导演王家乙编剧，丰富剧情。

1955 年当年《罗小林的决心》即开拍，挑选了曾在《祖国的花朵》中当过群众演员的陈家林演"罗小林"。现在，他已经是专导厚重题材的大型电视剧的"大腕"级导演了。五十年代，苏联的一些儿童片如《一年级小学生》、《阿廖莎锻炼性格》、《盖克和丘克》等很使我着迷，情节简单，但很注重儿童情趣。现在看来，《罗小林的决心》因为当时政治思潮的制约，还是太注重直

《罗小林的决心》剧照，小主角（中）即当今著名导演陈家林

观教育效果，在情趣化、生活化上努力不够。

儿童片中，对成人演员的要求更高、更严格，孩子们对假定的坚实信念要求成人演员从内心到外形都要高度真实，绝不允许出现“逗”小孩玩的状况。著名演员谢添堪称表率，他在《罗小林的决心》中，应我约请，扮演只有几句台词的卖小金鱼的老人。他郑重其事地到天桥去找“模特”体验生活，并借了卖鱼老人的服装、草帽、金鱼挑子，化妆也十分考究。实拍时，四岁的幼儿演员真的赖在他的担子前不肯走了。可以说成人演员的高超真实的表演，是儿童演员表演真切、生动的决定因素。

《哥哥和妹妹》

1956 年，我们又快马加鞭地又投拍了《哥哥和妹妹》，是我改编自儿童文学作家任大星的小说《吕小钢和他的妹妹》，由苏里导演。哥哥由苏立群扮演，后来他在中央戏剧学院毕业后，又去英国研修。五岁的妹妹小朵，由可爱的柳乃林扮演。“文革”中她竟也历尽坎坷，我现在仍常常挂念她，小乃林你在哪里，你现在可好吗？两个大人角色可都是大明星：奶奶是“第一老太太”熊塞声，妈妈是端庄美丽的秦怡。

这个题材吸引我的是，家庭中哥哥和妹妹在亲密基础上的好好歹歹、打打闹闹的小儿女情态。每个人看了，都能有会心的微笑。这时我也又有了一个可爱的女儿，当然体会更深、更具体。这个创作的艺术感觉应该说是很正确的，但在实际创作中，却为了“思想教育”，搞成了“小哥哥在老师和母亲的帮助下，找到了正确教育妹妹的方法”的主题。尽管努力增加了一些儿童情趣，但仍显得有点概念化，与当初的设想事与愿违。

儿童心理学告诉我们：儿童对许多活动都自发地倾向于“游戏”。因此，对于儿童演员，应该让他们“从生活进入角色”。对于四五岁的低幼儿童演员，就更需要如此，因为他们的理性分析能力几乎没有。《哥哥和妹妹》一片中，名演员秦怡和四岁的柳乃林演母子，她们朝夕相处，秦怡给孩子洗澡、穿衣、喂饭，建立了深厚的“母女”感情，甚至日常生活中，小乃林都亲热、自然地叫她妈妈，搂着她撒娇、亲吻，外人都看不出是“假”的，因此，影片中真实的表演得到一致的称赞。

儿童演员与成人演员的关系，是导演必须慎重注意的问题，特别是幼儿演员。影片《哥哥和妹妹》中妈妈对小女儿亲密、疼爱，只有一场对女儿生气

《哥哥和妹妹》剧照。这是我国第一部低幼儿童片

的戏。为了维护演员之间已经建立起来的母女感情不受挫折，特别是考虑到对四岁的幼儿演员脆弱的心灵不能轻易刺伤，如引起隔阂则难以挽回，所以这场戏安排在最后拍摄。

我认识到，艺术创作思想是电影编导首要确立的。从性格确立入手，紧紧抓住性格冲突，使之生活化、真实化，从中自然地反映出作者的倾向，才是艺术创作的正路。说起来是老生常谈，然而不少创作者却屡屡踏入歧途，特别是我们这一代人，政治环境让我们身不由己，加之主创人员思想上的原因以及生活不深入的因素，以致屡蹈覆辙。这一状况今日也仍不少见。

1955 年 2 月，电影局召开了故事片编导演创作会议，基于以前创作的概念化等问题，艺术家们自己已痛苦不堪，急于改进。于是会上提出了“形象思维”的要求，实际上是婉转提出改变政治概念化。然而，在要求艺术绝对依从当前政治意念的大前提下，在现实生活中加紧批判“白专道路”的压力下，“不求有功，但求无过”成了许多人默默自立的准则，“形象思维”是不可能真正实现的。我们这一代人加强自我改造，为社会主义革命作贡献的愿望是真诚的，也是强烈的。在这种自我约束的状况下，亦极难彻底脱开政治意念，这是我们这一代电影人的困窘，即使这样，这部影片因为是首次拍摄的 5—7 岁儿童的低幼片，是建国以来的第一部，其中我们努力描绘的儿童情趣，使孩子和家长都发出会心的欢笑，影片得到了欢迎。

要说的是，低幼儿童片现在更是罕见，几近绝迹，这是需要大声呼吁的。

《青春的脚步》与《并肩前进》、《帅旗飘飘》

《哥哥和妹妹》拍完后，我和苏里共同抓了两个剧本，约定均联合导演。

一个是《红孩子》，另一个是青年作者薛彦东写的《青春的脚步》，是青年爱情的故事，也免不了批评误入歧途的爱情观。激烈的斗争和缓以后，爱情的题材自然要在艺术上表现。我们受苏

《青春的脚步》剧照，袁枚、陈颖主演

联影片《茹尔滨一家》、《生活的一课》等影片影响，觉得爱情片拍得很美，也能给人以启迪。同时，也想除儿童片外，进行多方尝试，所以在1957年很快拍完了《青春的脚步》，主要由我执导。此片不涉及政治，我们也就当作正常的事过去了。没想到1958年康生到长影，看了影片后，挥舞极"左"的大棒，将吕班导演的《未完成的喜剧》定为"反党反社会主义的毒草"，将《青春的脚步》等一批影片，批判为"资产阶级思想泛滥"，而《青春》一片更为"严重"。这突如其来的打击是沉重的，政治大帽子使我抬不起头来。特别是我强调艺术质量，属于追求艺术的"白专道路"的典型，更兼是从"国统区"来的，似乎天生就是与资产阶级分不开，当然压力更大。

直到1962年，由周总理主持的"文艺座谈会"上，我们这些艺术家们才得到解脱，特别是陈毅老总为知识分子摘下"资产阶级的帽子"，恰当地肯定了我们对党的贡献，称为"人民的知识分子"，更是春风拂面，沁人心田，使艺术家们都流下感动的热泪。现在的艺术工作者很难想到，"拍电影"曾是个危险的职业。极"左"路线对艺术的摧残是严重的，在"左"的思潮下，怎么期望能拍出好电影呢？听说陈毅同志在上台前，曾向邓颖超大姐笑着说："大姐，他们要我去'放炮'，'放炮'我不怕，哪天揪我是右派，大姐可要救我啊！"虽为戏言，但身居副总理、外交部长重任，又是身经百战的共和国元勋，亦发如此虑言，可见"左"的阴影有多么深重。更为不幸的是，"文革"中"戏言"竟为"谶语"，曾多方呵护文艺界的我们敬爱的陈老总，竟真的被迫害而去。

1958年，全国进入"大跃进"的狂潮，"实事求是"者都会被扣上右倾机会主义的帽子，划入资产阶级的行列。长影也不例外，套用工农业"放卫星"的办法，要各创作组甚至每个艺术干部"打擂台"，自报拍片数量和进度，并

用写大字报的方式讨论剧本，号召“人人干预创作”，艺术家的创作环境变得非常恶劣。

当时厂里公开提出“写中心、演中心、拍中心”，在这个政治要求下，在1958年一年内，我拍了描写农业高级社的《并肩前进》，以及“大跃进”中的农民土法炼钢和放“粮食”卫星双丰收的影片《帅旗飘飘》（当时粮食和钢铁称为“两个元帅”），还赶出了一部四本的反映哈尔滨机车车辆厂工人技术革新的长纪录片《时间的主人》，可谓是“鼓足”了干劲。

当时，全国的文艺工作者几乎都处于这种状态，据统计，仅1958年一年，全国像这样生产的电影达一百多部。然而历史是最灵验的试金石，沉淀下来的没有几部，绝大部分都送入仓库，仅有的几部，也不是“写中心、演中心”的产物。实践告诉我们，即或以当前政治利益服务为目的，采取图解政治任务的文艺方针，其结果仍然达不到为社会主义政治服务的目的，相反是严重的损害。

《朝霞》

“大跃进”狂潮中的我，虽然感到又和已经摸索到的路子岔开了，亦无可奈何，但仍极想再拍部儿童片。只是此时抓题材，必须与大跃进的“中心任务”一致，于是深入到四平市六马路小学，了解“教育与生产劳动相结合”的题材。特约请教师出身的作家刘厚明任编剧，从1958年底开始深入生活，构思剧本。

这时候馥馨也在没日没夜地翻译导演进口电影，儿子十四岁初中毕业，就去长春第一汽车制造厂当工人，正在大炼钢铁。家里空了，我正好按照“演剧队”的办法，把刘厚明安排到家里住，先充分讨论构思人物、情节，然后他写文学剧本，我则直接写分镜头剧本，把两个人想的往一起凑。两人专心致志，一次，开水没有了，刘厚明自告奋勇去烧水，等了很久，我闻到浓重的煤气味，恍然大悟，忙高叫：“厚明！壶烧漏了！”原来他光想着剧本，打开了煤气开关，却根本没点火，险些酿成悲剧。我们用三个月搞完了剧本创作，原片名为《九岁劳动》，源自马克思的语录，后改名为《朝霞》。报厂审查，很快被定为“国庆十周年献礼片”，而且是新中国第一部彩色儿童故事片。

当时，邓小平同志恰来东北视察，在长影听党委书记岳林介绍《朝霞》的时候，肯定了影片的方向正确，认为很有现实和深远意义。小平同志说：“马克思说过：儿童从九岁起就应该劳动。他的这一理想，在其生前没能实现。现在，在毛泽东同志时代实现了。”这对我是极大的鼓舞。

《朝霞》剧照。这是我国第一部彩色儿童故事片

原设想这部电影表现儿童活跃的特点，他们把许多活动视为游戏，与刻板严厉的教师产生了冲突。即使在劳动中，他们也有其特点，我们设计了孩子们在运送小轮胎中，由扛不动而想出“滚”轮胎的办法，结果几十只轮胎从桥上滚下，一直撞到指挥交道的警察，引起一片混乱，交通全部阻绝的重场戏，还设计了每个孩子的性格和性格冲突。但这部戏被“提升”为歌颂“教育革命”以后，经多次审查和群众审议（“大跃进”中电影创作更增加了群众审查的过程），这方面减弱了不少，与初衷泾渭分流。但我在“导演阐述”中，仍坚持“全剧为带有浓郁喜剧风格的正剧”，尽量儿童化、喜剧化、生活化，使影片在实际拍摄中尽量摆脱生硬的说教，公映后受到观众的好评。

这段时期，作为“儿童影片创作小组”组长，我还抓了另外三部影片：

《皮包》1956年拍摄，讲述三个少先队员帮助公安人员抓特务的故事。由田野编剧，王岚导演。

《红领巾的故事》由著名作家海默编剧，全国闻名的导演武兆堤执导。写的是“大跃进”中少先队员大炼钢铁的故事。

《红孩子》1958年拍摄根据江西老作家时佑平的小说《虎崽》改编。反映红军撤离苏区后，少共儿童团员们在白色恐怖下勇敢机智斗争的故事，很有儿童情趣。特约请乔羽和时佑平共同编剧。1957年，乔羽、时佑平、苏里和我，四个人拄着竹竿，走遍了井冈山的哨所、“列宁小学”、苏维埃政府等革命圣地，搜集素材，感受气氛。

本来早已确定我和苏里共同执导《红孩子》，但当时我因《青春的脚步》正挨批判，压力很大，我和苏里友情很深，又预感这将是一部有影响的好片子，不愿把“霉”运带给好友，于是确定由苏里单独执导。正式建摄制组后，苏里硬是按着我们的“老传统”，带着儿童演员穿上当年的粗布衣，打上绑腿，穿着草鞋，扛着红缨枪，又走了一遍苏区，为影片打下了坚实的基础。《红孩子》的思想性、艺术性都达到相当的高度，导演手法纯熟，有不少闪光之处，受到好评，获得了中宣部、文化部、团中央等单位的褒奖和入选“百部爱国主义教育影片”等多项荣誉。

值得高兴的是，在拍内景时，毛主席视察长影，到第六棚亲自观看了《红孩子》拍摄，接见了苏里和小演员宁和、陈克然、王和永等孩子，并亲切交谈，对这部影片的题材、服装和化妆都予以肯定。获得这项殊荣的，电影界里只有《红孩子》和导演苏里。

1991年，新中国剧社在桂林庆祝五十周年时，与“刘三姐”黄婉秋合影

后来，“儿童片创作小组”在厂内又排序为“第二创作组”，仍任命我和苏里为正副组长，进一步扩大了创作题材。直到文化大革命前，陆续拍摄了举国传唱的《刘三姐》（乔羽编剧、苏里导演）等影片。

《炉火正红》

1959年稍沉静下来，拍了《朝霞》以后，为广大的工农兵拍电影始终是我的愿望。1960年初，即筹备拍摄描写鞍钢工人克服重重困难修建高炉的故事，剧本名为《炉火正红》。作者于敏是新中国第一代有才华的、杰出的电影剧作家，新中国第一部故事片《桥》和著名的《赵一曼》等影片，都是他的杰作，均为传世的革命经典影片，他在中国电影史上立下了不可磨灭的功绩。

于敏是老区作家，政治思想和艺术造诣都很高。更为难得的是，他坚持现实主义创作方法，坚持反映时代精神和艺术为祖国、为人民的方向。他认定的道路，就毫不动摇地坚持身体力行。他长期在鞍钢带职深入生活，后来干脆把家就安在钢铁厂，像这样数十年坚持的作家全国无几人可比，令人敬

《炉火正红》工作照

在鞍钢拍摄《炉火正红》的群众场面

佩！他因之有丰厚的生活积累，鞍钢的领导和工人对他都十分尊敬和信任，连遇到技术问题都说："于敏同志说的就不会错！"他的剧本《炉火正红》，工人、技术人员包括家属的形象都很鲜明，语言生动，但在那种大环境下，主题又被强行上升为"两个阶级、两条路线的斗争"，历经鞍山市、辽宁省、中央电影局、文化部等各级层层审查，剧本修改达八稿之多，都是在如何"正确、全面"表现路线斗争上反复，于敏和我被折腾得够呛。更可惜可叹的是，改来改去，不断减弱原有的鲜活的生活气息和艺术构思。这部影片跨越三年，两度补拍，为此我第一次住了医院，直到1962年方完成。

馥馨1951年在东北人民艺术剧院翻译并与严正共同导演的《曙光照耀莫斯科》，使东北人民艺术剧院声震全国，之后，她又主演了《尤利乌斯·伏契克》等戏，并以院业务秘书、院艺委会委员身份，在演员的"斯坦尼体系"学习、业务提高等方面作了许多工作，为东北人民艺术剧院（后改为"辽艺"）和新中国话剧事业作出了很多贡献。我们俩的年龄也大了，许多朋友见面都说："别这么只顾工作，当'牛郎织女'啦。"1955年，她调入东影（后改为长影）译制片处，任英语翻译和导演。从1953年我调入东影，就始终一个人住小白楼招待所，至此，我们真正在红旗街和光胡同安了家。

馥馨如她一贯的性格，踏实认真，不张扬，但很快掌握了译制片业务，并且运用"斯氏体系"，与话剧排练一样，作译制片剧本分析、导演阐述、演员自传等案头工作。重场戏要拟景排练，即使在配音时也不是演员坐着说，而是在配音室里简单地模拟影片上的布景，演员在演戏中寻找感觉，进行配音。工作规范、细致，真正是一次艺术创作。20 世纪 50 年代是我国翻译片的黄金时期，任务量很大，而且开始引进苏联之外的国家的影片，英语的需要量加大，她很快成为主力。“大跃进”中，她也是不断奋战，最多时一年完成三部译制片。

1955 年以后，东影改名为长春电影制片厂，1960 年，长影办了“电影学院”。厂里根据馥馨的“斯坦尼体系”理论水平和长期话剧表演、导演的丰富实践经验，任命她为导演系主任。学院只招收了一期学生，毕业后主要分配在东三省的电影、电视系统，包括长影，现在不少人已为成熟导演。1962 年，学院即与吉林艺术学院合并，馥馨又回到长影，做译制片工作。

《满意不满意》

1960年8月，儿子陈德赛考入中央戏剧学院，全家合影留念

“大跃进”的狂热、浮夸，严重破坏了经济的发展，自然灾害更使恶果膨胀，造成1960年空前的灾难。

1961年6月19日，敬爱的周总理在“全国故事片创作会议”上，再次力挽狂澜，拨正社会主义文艺的航向，否定了“五子登科”即“定框子、戴帽子、抓辫子、打棍子、挖根子”的错误作法；杜绝“三风”，即“浮夸风、命令风、瞎指挥风”。他指出：在坚持文艺为人民大众、为工农兵服务的前提下，必须强调提高艺术质量，只有尊重艺术规律，“寓教于乐”，才能真正为社会主义服务。电影工作者得天独厚，首先聆听，心悦诚服，明确了方向，放下了包袱，鼓足了勇气。我再次振奋精神，下决心拍出真正好的为人民群众欢迎的影片。

我们这一代电影人就是这样：努力拍片，然后莫名其妙地挨批，批了就暗暗发誓再也不拍了；但一听到党的号召，只要没定成“反革命”，又不记“教训”，奋勇向前。处于这种外人难以理解的“循环”中，可叹、可气、可笑——是无可奈何的苦笑。究其根源，却是弥足珍贵的，渴望为人民贡献好影片的赤诚之心。

恰好在开“人代会”时，当时主管经济工作的李先念同志遇到荒煤局长，提出：全国十亿人民哪一个没受到服务行业的热情服务和帮助？但是，建国十几年，却没有一部反映服务行业群众的电影，这是不“公平”的，也是电影工作的疏漏！于是1963年初，荒煤局长找我谈话，希望我能担起这个任务。

1962年严恭在故事片创作会上发言

过去的经验证明，越是这样重视的题材，就越是难搞，会有许多波折。同时，就在1962年10月"北戴河会议"上，"最高指示"一改开国时宣布的"疾风暴雨式的阶级斗争基本结束"，而提出来"千万不要忘记阶级斗争"，警告当前阶级斗争形势严重，所以"阶级斗争要年年讲，月月讲，天天讲"。直觉告诉我，这预示着紧张的政治运动即将来临。

喜剧又是所有戏剧类型中最难写的，尤其在那个时期，先后有《未完成的喜剧》、《新局长到来之前》等喜剧片纷纷"落马"，挨了批评、批判，最严重的被定为"反党反社会主义"。但是我热爱喜剧，因为生活需要快乐，观众需要欢笑，加上周总理讲话的鼓舞，使我仍接下了这个任务。

恰逢林杉同志从江苏回厂，告诉我苏州有一台滑稽戏叫《满意不满意》，是写饭店服务行业的。我听了立即赶往江苏。南京是我的老家，从1936年离家到上海工作后，始终没能有一段较长时间回家乡，真是梦寐萦系啊！能有这个机会当然是欣喜之极。这台苏州滑稽戏讲的是1958年"大跃进"中，两个饭店里发生的故事。苏州滑稽剧团有不少老艺人，传统底子丰厚，因此在演出上，笑料的运用很到位。

我历来坚持一条：没有生活的戏不拍！要拍不熟悉的生活，就要先去熟悉生活。于是，我首先去商业局等单位了解素材，到苏州观前街百年老店"松鹤楼"体验生活，和店员交朋友，到厅堂擦桌子、打下手。因为怕把滚烫的面洒在顾客身上，所以允许我作的最"专业的技术"是卖包子。"松鹤楼"市级劳模孙荣泉师傅，就是《满意不满意》中3号沈师傅的原型。然后，我到宁、苏、锡、常，包括上海，广泛观摩滑稽戏，认真学习其宝贵的喜剧技法。那可真是丰富的"大餐"，对我这个爱好喜剧的人来说是大快朵颐，甚至看到了一些专为我演的解放前的保留剧目。

准备工作告一段落，我即请“新中国剧社”的老战友，天才的戏剧家、音乐家，时任江苏省文联主席的费克，和苏州滑稽戏老艺人张幻尔参加剧本创作，与我组成“三结合”的编剧班子，各发挥所长。

《满意不满意》摄制组顺利地成立了，不少业务骨干都曾与我合作过：由演员转行学习导演的年轻姑娘林汝为时任场记，聪明勤奋，善于动脑，“文革”后拍摄的电视剧《四世同堂》、《便衣警察》，成为中国电视剧的经典作品，轰动全国；她也因此成为中国电视剧的开拓者，著名的导演。当年，她还是纯朴的北方姑娘，为此还有些趣事：苏州热起来赛蒸笼，北国长春来的人最难忍耐，但那个年代的姑娘们还很羞涩、保守，林汝为在男同胞都恨不得打赤膊的时候，还不肯露胳膊露腿，“抗热”了十几天，温度计的水银柱还是直线上升……有一天，快开拍了，始终没见她到现场，大家都快等急了，才见她磨磨蹭蹭走来，还把场记板挡在胸前，我快发脾气了，她才红着脸慢慢把场记板拿开，大家“轰”地笑起来，原来，她热得实在“抗”不住了，自己把长衣袖剪短了，把长裤也剪成短裤，并且跟当地姑娘一样去掉了棉毛衫……

酷热的确是个考验。但这部影片艺术上必须解决的问题有三：第一，戏的主题思想与时代特征；第二，由滑稽戏舞台演出，“脱胎换骨”成为喜剧电影，这里包括的剧本创作和导演处理；第三，电影为保持江南特色，拟全部用滑稽戏演员，但他们不像话剧演员表演遵循“斯坦尼体系”，而且多为幼年拜师，跟团学艺，文化素质较低，如何使他们掌握现实主义创作方法来完成这部艺术品是一个新课题。

讨论决定，将戏的背景由 1958 年拉后五年，为当时的 1963 年夏秋，结合当代的时代特点，使观众觉得更亲切、更真实。为加强戏剧冲突和电影化，结构进行了更新和大调整，集中到一个饭店，将“堂口”(顾客就餐的大堂)，作为社会交流的窗口，这也是这部电影向更广阔的社会面扩展的轴心。

但是，这只是理性确定的思想内容，艺术体现却是至关重要的，否则还叫什么艺术作品呢？这话长时间以来不能也不敢说，其实不形而上学地看，艺术创作即是作者艺术地反映生活的过程，这里必然包含思想性。

我的艺术目标是拍喜剧。喜剧是最难的艺术，同样要剖析生活的本质，却是通过笑来感染观众，传递宗旨的。我的代表性作品中，有三部是喜剧，四十余年间始终未停顿地探索，以求真谛。

喜剧的主题思想、人物性格、矛盾冲突是剧本分析阶段的主要部分。喜剧主人公是分析的焦点，因为主人公往往是产生笑的“轴心”，主题、冲突集中反映在他身上。主人公又区分为:被批判的人物和正面人物。被批判的人物被嘲讽鞭挞,易出喜剧效果,自不待言;正面人物因个性特点、自己的能力与周围环境产生了矛盾、冲突、挫折,而形成不同的喜剧因素,相对更难些。前者像《升官图》、《钦差大臣》,以辛辣的讽刺为主;后者在资本主义社会、社会主义社会都存在,如喜剧大师卓别林的流浪汉、三毛、《满意不满意》中的小杨等形象,但表现和处理又有不同。

对于当代喜剧,在实际创作中,简括地说要抓住"定位"和"分寸"两个要点,否则会失之真实,偏离甚至曲解主题,产生不了喜剧效果。《满意不满意》中的5号小杨,是全剧中的实际轴心(为此我们捏了把汗,生怕违反了正面英雄人物才能作主人公的原则),我们"定"在他是日常所见的有缺点的青年,所惹的"娄子"都是因为思想不通,并非品质问题,这是"定位";而他个人行为不能是故意的恶作剧,对他不是挖苦、出洋相,而是持热情帮助的态度,这是"分寸"。"定位"和"分寸",实际上包含了主题思想和矛盾冲突、人物性格的确立,这两点确立后,就可以放开构思,大胆去表现。

喜剧的创作技法,从整体剧作上分为:立意(主题)、人物性格、矛盾冲突、语言、情节、戏剧结构技巧六个方面。喜剧技巧的关键在于喜剧化的"化"上。分析时相对理性些,进入具体创作则是感性的创作阶段,需要编导饱满的激情和灵动的喜剧感觉。这时喜剧情节、人物语言(台词)、戏剧结构三个方面我认为是最重要的。

前人名著、中国的戏剧传统,都留下了宝贵财富。从观摩的滑稽戏中,结合名著,我冷静下来,做了大量笔记,较系统地学习了喜剧理论,更重要的是积累了实际的经验。比如人物性格,喜剧人物必然是夸张其性格缺陷,这种夸张是如何表现的;喜剧语言中的"反跌"、"反弹"等技法;喜剧戏剧结构中,发现、突转、误会、巧合等常用的技巧;喜剧情节技巧中的"不是冤家不聚头"、"逃来逃去逃不掉"、"甩来甩去甩不脱"、"麻秆打狼两头怕"等,我分析汇集了近百种,用现在的词语叫"桥段"吧。

喜剧的创作元素是一个有机整体,互相融合、互相依存,但在实际创作中,并不可能齐头并进,一起抓就什么也抓不住,应在每个阶段各有侧重。具体的创作过程,跟每位导演的创作个性也会有关联。在这个阶段中,我觉得喜剧情节的构建是入手点、突破口,可以贯串、带动、激活语言和结构等方面。而"喜剧情势"的设置,是喜剧情节构成的重要技巧和因素,甚至可以看作是喜剧情节之"灵魂",它可分为贯串全剧、贯串几场或仅在一场戏之内几种状况。在处理上,有"人物关系的确立"、"喜剧情境的形成"诸元素。

1963 年，贺龙元帅到长影观看《满意不满意》的拍摄，与严恭亲切握手

在滑稽戏传统技法中，“喜剧情势”的设置，称之为“铺路”——即设计后，具体埋下“伏线”，然后“沿途”安下“插拨”（江浙话：电插头叫插拨），直到最后“抖包袱”。

例如影片《满意不满意》中，小杨从茶场跑出来，又气又急，闯入白鹅群摔了个大跟头。沈师傅陪他去治腿，早在开场不久的“泼汤”，和中部的“相亲”就一路“铺”来，运用了“确立人物关系”和“人物纠葛”的技法。到医院，他不断挑剔护士“手太重”、“不负责”，护士却始终和气、耐心，最后还主动帮他找了一副拐杖。沈师傅说他不该态度不好，小杨还强词夺理地说：“如果这位护士同志到店里吃饭，我保证态度非常好，保证让她满意……”话还没说完，一回头，看见在医院门口送他们的护士摘下口罩，正是自己把面汤泼在人家裙子上，而且后来马伯伯介绍的“相亲”对象叶梅英，他吃惊、尴尬地把拐杖扛在肩上，跳着脚跑了。这就是“抖包袱”。在医院的那些话和表现，就是“插拨”，共有六处。当时观众没什么反应，但最后叶梅英“亮身份”，这个“包袱”一抖开，则六处“插拨”通通来“电”，观众越想越笑。

一般来说，路“铺”得越长越好，“插拨”越多越好，“包袱”越大越好。这“包袱”里装的就是喜剧元素。抖“包袱”也有“揭底”、“亮牌”、“亮身份”、“自作自受”等技法，这里边的学问真是很多，但总的原则要遵循：首先是从人物性格出发，按滑稽戏老艺人朴素的话讲：“是啥人，才会做出啥样事体。”这是一切法则、技巧的基础，决不能违反。第二，必须“合乎情理”。李渔在《闲情偶记》中说：“科诨虽不可少，然非有意为之。……妙在水到渠成，天机自露。”真是深得喜剧三昧，含意深远，乃永恒的真理。第三，对于喜剧创作，则要添加重要的一点：强调在“合乎情理”之中的基础上，“出乎意料之外”。再则，还是笠翁先生的名言：要“密针线”。喜剧比一般的生活剧更讲求前后呼应、对照，层层铺垫，方能出极妙之效果。最后一点是要“清晰、易懂”，这是传统滑稽戏特别强调的。如果你的笑料再精妙，但观众要想很久才明白，则失去作用；必须使其“立即大悟，笑口随开”。这是他们长时间演出，为生活不敢丝毫掉以轻心得来的经验教训，否则就是喜剧的“致命伤”，因此，尽管是最后列出，并不代表最不重要。这“清晰、易懂”、“不费心思”，特别对喜剧来说，是艺术能够“寓教于乐”的关键。

三十年代演戏、拍电影，夏公、翰老、蔡楚生、史东山等前辈都极为重视观众，这一方面是遵从政治斗争，团结感染广大群众的要求，也是市场经济的观念，两者完全融合在一起。为什么能这样？又怎么做到这样的？建国后，却为什么相当长的时期两者严重分离？新时期应如何解决两者结合的问题？值得总结研究，对今天仍大有裨益。

记得蔡楚生先生曾拍着《一江春水向东流》的剧本跟我说：“严恭啊，上海人讲话：苦来兮卖铜钿(钱)，这个本子，要救明星公司呢！”的确，当时我们是“输不起”的，一部影片观众不看，资本家就不再给你投资了。你想坚持搞革命文艺，也没了根基。《三毛流浪记》就是这样拍的，让观众爱看，渗透到我们的下意识里。纵观当时的左翼戏剧、电影，一部部都是受到观众热情欢迎的，票房价值很高，这是左翼电影的传统，正是凭着这一点占领了文化阵地。现在强调这一点，也是把观众放在首位意识的回归。

使观众笑，是喜剧艺术家殚思竭虑、使出浑身解数追求的目标，但决不能“为笑而笑”、“生硬的笑”，喜剧界称这种笑为“硬噱头”，难听点的叫“洒狗血”。二十世纪五十年代漫画大师华君武就曾作画，以一喜剧演员在台上不能逗观众乐，一急竟跑到台下去“胳肢”观众为题，讽喻这种现象。有一位喜剧家说得好：“我们不能胳肢观众的腋窝，要拂动观众的心窝。”这是追求喜剧上品的唯一途径，舍此无它。

《三毛流浪记》是将连载漫画改编成电影，《满意不满意》的难题则是如何将舞台戏剧电影化。这两个艺术种类都是喜剧影视经常作为原型的，但在改编中各有侧重面。连载漫画改编，更需要准确提炼精华，丰富人物性格，开掘潜在的戏剧性，大胆构思情节，统筹构筑全剧。舞台戏提供了完整的戏剧性的基础，正因为如此，必须完全打碎舞台结构，重新构思。关键的是，确立电影思维，紧紧抓住“时”、“空”的处理和电影语言的运用。

所以，对于改编《满意不满意》，我们不但情节有根本改动，并且“脱胎换骨”，完全按照电影的“时”、“空”转换结构。全剧经常出场的有十几个人物，人物关系也绞到一起，如果一一介绍、剖析，则不堪重负。运用电影的手法，则可以一箭双雕，这里，选择“恰当事件”和动作是关键。

如小杨工作不负责，第一次工作亮相就拿错了面，一下子引出叶梅英、胖顾客、说四川话的司机、提意见的年轻顾客四个人。而小杨与胖顾客那段发噱的关于“排骨是不是肉”的争吵，安下了小杨把面汤泼在叶梅英裙子上的重要“插拔”，一箭多雕。这部戏大大小小的情节不少，仅人物真实身份的“发现”就三四处，只有运用好电影手法，才能不显得冗长，更重要的是能在该做戏的地方做足戏；交付和暗示的地方，可以一闪而过。例如，开场：小杨睡过头，匆忙沿河边赶着去上班，一边咬着烧饼，一边穿短衫。风一吹，短衫脱手，罩到河里撑船人的头上，小杨急叫“马伯伯”递给他，然后再一披，短衫成了“5号”的工作服，镜头拉开，地点自然地变成饭店的换衣室。这是一组运动中的纯电影镜头，用墨不多，介绍了几个人物的身份（饭店服务员、水产公司船老大）、性格特点（小杨的不专心工作，大大咧咧；金根见不对就说，“直筒子”脾气）、人物关系（马伯伯逗他玩，看来是老邻居，小杨与金根是“对头”），以及故事发生的地点：小桥弯弯，流水淙淙，桨声咿呀的秀丽的江南水乡和这如画般风景中的饭店。

在论及导演工作时，多谈论的是蒙太奇、节奏、构图、色彩等，这些基本功的确是至为重要的，但不能轻视了一点：有经验的电影大师指出，处理好演员，是导演工作的重中之重。所以我坚持：毕竟电影是被“指导”着“演”出来的，《满意不满意》要保持江南特色和独有的喜剧风格，就要请苏、锡、常三地滑稽戏演员来演。

《满意不满意》剧照。

滑稽戏要求是“三分钟一开牙（微笑时观众露出牙齿），五分钟一开怀（大笑）”，达不到就“温”了，观众就会“起堂”（退场）。这和滑稽戏起源于文明戏，又在发展中大量吸收江浙沪的民间曲艺、戏曲、小调的喜剧元素，以及主要在市民、乡镇中演出有关。底层的民众，在生活的重压下，希望从看戏中得到解忧和宣泄；而艺人则力求在流动演出中，争取观众以谋生存。因此，滑稽戏的优点是积累了许多喜剧处理手法；缺点是对电影来说过于夸张，有不少硬噱头，甚至有些流于恶俗。

在舞台表演中，他们的表演传统主要靠语言、表情、小动作三件法宝，夸张得超过漫画，甚至眉飞色舞、五官扭曲，有时脱离人物和剧情。放大到镜头前，则更显得过分、虚假、不能容忍。初接触滑稽戏演员时，排了几次戏，真使我头都大了。冷静下来思索，他们有其难得的优点：有很强的假定性信念感，因此进戏快、放得开；有丰富的喜剧表演元素的积累，尽管程式化了些；对什么能使观众笑很敏感，总之是天生的喜剧人才，一般的话剧演员做不到这些。这个分析增强了我的信心：滑稽戏演员关键在于导演如何指导和引导。

思索之中，偶翻中国古典文集，关于治水的"疏"、"导"、"堵"的精辟论述，打开了我的思路，豁然开朗。这里的"导"不正是"导演"的"导"的本义吗？"导"似乎约定俗成地理解为：管理、统领、裁决，然而，"疏导"、"引领"也应成为重要的工作内容。

这些滑稽戏演员在舞台上都是"角儿"、"台柱子"，争相表现，生猛火爆，被选中拍电影更不免骄傲自得。但到电影厂初拍样片，连他们自己看了都觉得"不忍目睹"，于是又从骄傲普遍转入"不知道怎么演电影"的手足无措，工作陷入停顿。

针对这种情况，我制定了"放——收——放"的三字方针，也是导演引导、角色酝酿到正确表演的三阶段。《水经注》富于哲理地指出："疏"胜于"堵"。我不是急于指出错误，批评演员，定出许多"不准"的规则，而是进行了三步走。

第一步："放"。鼓励演员放开来演，全部发挥出来。我硬着头皮，沉住气，认真看，了解了演员对角色的理解程度和演员的能力，这期间既要掌握他们的偏差所在，更不要遗漏闪光的东西。这也是因为滑稽戏演员不高，不会做角色案头分析，不善于用文字书面表达而不得不采取的措施。

第二步至为重要："收"。这一阶段对剧本、人物性格、发展脉络，都要细致耐心地和他们一起分析、梳理。鉴于他们完全不是从体验到体现的"斯坦尼体系"，文化程度又不高，我就用他们能听懂的语言，深入浅出地讲解现实主义的创作方法，简明、易懂、好记地总结了四句苏州方言，即"四个啥"——自己是啥人？在啥地方？要作啥事体？是啥目的？从人物性格身份、规定情境、事件、动作、最高目的等几个基本方面，帮助他们找到正确的人物自我感觉，检验思想动作的正确与否。在这个基础上辅以名片观摩等方法，适时地指出他们表演和掌握人物上的问题。

进而，我提出要“三避”，要求演员自我严格检查——“避恶”（恶形、恶状的表演）、“避俗”（庸俗低级）、“避飞”（阿飞式的动作、语气）。经过这样的“收”，演员基本上掌握了人物塑造的方法，并且情调健康。

但新问题又来了：戏演得“温”，放不开手脚，喜剧味大减。

此时我再引导进入第三阶段——“放”。鼓励他们“放开”，大胆地演，提出自己的设想，并把我记录的每个演员，在过去瞬间表现出来的好苗头、好动作提示给他。此时的“放”，与第一阶段的“放”，有本质不同，是在新基础上的“放”。即使让他像过去那样演，他本人也会觉得很不舒服，而且，这时导演再提出修正和要求，演员都容易沟通和接受，更重要的是他可以找到新的、正确的表现方法。

导演、演员之间正确的创作状况终于出现了！我才大大地松了口气，进入实拍，相对顺利得多了，真是应了那句老话：“磨镰不误砍柴工”啊！

影片中的饭店要起个名字，我想起幼时老家对面文德桥边有个茶楼，因挂着一副对联，上联是：“近水楼台先得月”，茶楼名即为“得月台”，印象很深。苏州秀水如网，玉桥似钩，桨声款款，是著名的东方水乡，所以影片中即用“得月楼”为饭店名。影片放映后得到广大观众的喜爱，“满意不满意？”一时间成了人们的口头语。一些喜剧台词，历经四十多年，至今，人们一提起来仍然发笑。

当时，不仅是国内的游客，就连港澳居民、东南亚的华侨看过影片，到了苏州都点名要到“得月楼”品尝美食，名声响过老店“松鹤楼”，但自然是踏破铁鞋无觅处。直到 1982 年，人们的市场意识加强了，突然意识到“名声”是很大的资本，于是苏州市就在最热闹的观前街上，在太监弄的拐角处，修了古色古香的一座酒楼，命名为“得月楼”，开市即顾客盈门，川流不息，影响日广。有些外地人，即使不去吃饭，也纷纷在“得月楼”门口留影，“得月楼”成为苏州一个景点。这“因戏生楼”的佳话，也是一段影商联姻的美谈。

在《满意不满意》中，也加入了我的生活积累。最后的高潮——小杨被误认，强行推上讲台。起因是他穿错了沈师傅的 3 号工作服，于是百口莫辩。这个情节的采用，源于一件趣事：记得有一次，我和吴祖光、谢添等朋友一起去“东来顺”吃涮羊肉。小屋很热，大家都把外衣脱下来挂在墙上。吃完了饭，都争着请客。谢添手快，从墙上外衣掏出钱包，抢着付了账，大家又喝了一会儿茶，走出“东来顺”，有一位在路边要买东西，掏出钱包，却发现钱没了。惊奇之间，纷纷自查。谢添打开钱包，愣在那儿直摇头，大伙以为他亦失窃一空。没想到，他连说：“奇怪，我明明付了账，怎么钱还是那么多？”大家恍然悟出：原来，他抢着付账，却错抓了衣服，掏了别人的钱包，于是哄然大笑。这个情节就积累在我的生活宝库中。

陆放翁悟得精深，颇有感触地提示道：“汝果欲学诗，功夫在诗外。”真是至理名言。喜剧编导平时就应有喜剧的慧眼，善于发现、积累生活中的喜剧素材，如是，即可像郑燮大师，饱蘸浓墨挥毫之先，已“胸有成竹”。

时任文化部副部长的夏衍，看了剧本以后就很喜欢，但是我心中仍有余悸。“双片”完成时，已近年关，来不及送审，1963 年 12 月 27 日，荒煤同志直接来厂“验货”。我忐忑不安地陪着他看，他看罢哈哈大笑，说：“严恭，你拍了部优秀的社会主义的喜剧啊！”我这才放下心来。

送审后，夏公又对我指示：“严恭啊，《满意不满意》不能光给苏浙一带观众看，要在全国放映，所以要以普通话和苏州话作两个版本。”长影即挑选有经验又懂上海话的翻译片导演来承担，就是我的老伴蓝馥馨。她的转译，保持了苏州方言的意味，为影片生色不少。全国公映后，荒煤局长高兴地对我说：“先念同志很‘满意’！代表商业系统向电影局表示感谢。这回，在人代会上，咱们总算交了账。严恭啊，以后你多拍点喜剧片。”

这也是我的愿望。此时，具备了多次艺术探索的经验，有了丰厚的生活积累，艺术上有了追求的目标和设想，更兼身强力壮、精力充沛，正是艺术创作的黄金时期，但，还没酝酿好剧本，紧接着是 1964 年的“社会主义教育运动”，阶级斗争的弦越绷越紧。到 1965 年，我拍摄了六大本反映辽宁省贫下中农代表大会的艺术纪录片《贫下中农红旗飘》。审查通过之际，全国就开始了“史无前例”的文化大革命。风雨飘零，我和我同代的文艺工作者一样，受尽摧残，打入“牛鬼蛇神”的行伍，生命尚如巨卵下的蝼蚁，遑论当导演呢？

地上的粉笔字和“腰窝铺”

记忆真的很奇怪，我总记得在长影“一宿舍”大门前的水泥地上，用粉笔写着：“欢迎严恭在革命群众教育下，得到解放。”当我拖着身心疲惫的脚步，走回“一宿舍”时，看见这条通告式的标语，心中百感交集。不知为什么，对“牛鬼蛇神”的“解放”，都要用粉笔写在地上，是为了让文艺“黑帮”们知道，即使解放了，也要有“自知之明”，牢记自己的身份，牢记革命群众随时都可以任意踏上一只脚？

文化大革命，“革人的命”是本质；“大”则还不够反映其暴烈的程度；唯“文化”确总与残酷、血腥、恐怖、泯灭人性、颠倒黑白联系在一起。那从心灵到肉体的肆意折磨，从人的尊严到民族最宝贵的精神的恶意践踏，许多人都叙述过，血迹斑斑，令人发指，给每个被摧残的人和家庭留下了永远的伤痛。并非我不想写出在这民族劫难中我和我的家庭悲苦的遭遇，然而那毕竟只是我们一个小家，“文革”这一全局性的长时间的“左倾”严重错误，这一场给党、国家和各族人民带来严重灾难的内乱①它何以会发生，又如何被反革命集团所利用，它给中国带来了怎样的灾难，这才是我们应该长期思考并永远引以为戒的。

我和馥馨在“演剧队”、“新中国剧社”战斗的历史，因《人民日报》发表的文章：《演剧队是国民党反动别动队》而一锤定音。江青为掩盖三十年代她在上海的丑恶历史，对三十年代左翼文艺工作者的迫害达到疯狂，恨不能置之死地而后快。我则因为与田汉、夏衍、阳翰笙、于伶、洪深等当时党的“文委”领导直接接触过多，而不折不扣地定为反鲁迅的“四条汉子”、“文艺黑线头子”的“副官”、“干将”，罪行变本加厉，必须施以无产阶级专政的“铁拳”。那些触及灵肉拳打脚踢的批斗；用强光射眼，无休止的审讯；没完没了的交代、检查；风雪夜里挖冻得坚如铁石的水泥地的沉重劳动，半夜饥饿难耐的“黑帮”们，抓着结了冰碴儿的高粱米就往肚子里填。为此，我患上了严重的

---

① 引自中共中央《关于建国以来党的若干历史问题的决议》。

胃病，胃不得不切除一半。

但是，令我痛心的是株连了孩子们。八岁的女儿，在我和馥馨都被集中专政后，孤身一人，在家踩着小凳学做饭，再把饭送到“牛棚”。她的童年遭受了不应有的苦难，失去了欢乐和童真。儿子远在西北，运动开始即被打成“黑五类”、“反革命”，遭受千人批斗大会上，被用粗木棒毒打、开水浇烫、灌墨汁等残暴酷刑。最难过的是我患难与共的亲爱的老伴馥馨的病，因为“黑帮”的身份，得不到及时治疗被延误，加之长期被批斗的压抑和惊恐的心情，使疾病转化为严重的癌症。当她在上海确诊，通过医院的亲戚做紧急手术时，我恳求造反派让我见她一面。临时上火车买不到座位，我从天津站到上海，陪伴她渡过难关。

上海是“左翼剧联”的总盟根据地，老“演剧队”组成的地方，我的老战友很多，知道我到了上海，上影厂、文化局、话剧团的“造反派”纷纷前来提审。在“上海青年话剧院”，因为我讲的事实不合他们的意，随之而来的是三个多小时的踢打。我带着红肿的脸和浑身的伤痕，到馥馨病床前，她握着我的手，无言的泪水湿了枕头。我则用坚持没有诬陷战友，对得起做人的良心来宽慰她，这也是我们当年唯一能让自己保持的尊严。

我也曾在感到极度委屈，熬不住的时候，想到“一了百了”。长影历次运动中，都有主创艺术骨干自杀的惨事，但我想到女儿还小，馥馨是个内向、不善于处世、脆弱的人，对任何人都和善，实心实意。如果我有变故，将害了一家人，于是有泪就自己咽下了。

我和馥馨也永远不会忘记，在那困难的年月中的温暖的眼神；悄悄塞来的一点食品；劝我们坚持住，千万不要寻短见，相信事情总会好转的贴心话；

1969 年 12 月 21 日，长影大门前，首批下乡的“五七战士”。前排正中为严恭

对小女儿帮助和照顾的朋友们。我们在患难中深深体会到人间真情的可贵。

1969年，林彪发布“一号战备令”，把老帅们都“整”出北京。吉林省紧跟其后，把一些有“疤”、有“痕”的人赶出城市，实行“四带一下”——即户口、组织关系、家属、家具“连根拔”到农村落户，我和馥馨只有带着小女儿下乡了。

长春北上，靠近黑龙江省的松花江旁，中长铁路有一个叫“三岔河”的小站，下火车再坐长途车约一个多小时，再穿过庄稼地走六七里路，就到了一个小村庄，名字很谦和，叫“腰窝铺”，但却属于古有盛名的扶余县。唐代苏鹗《杜阳杂编》下卷中记载：夫余，国名，位于松花江流域，地宜五谷，居民务农，故名“夫余”，又名“扶余”。文中所载赫然灼目：“（唐）武宗皇帝三年，夫余国进贡火玉三斗及松风石……”那“松风石”可是不得了的神奇，“方一丈，莹彻如玉，其中有树，形古松覆盖，飒讽焉有凉飙生于其间。至盛夏，上令置诸殿内，稍秋风飕飕，即令撤去。”连《辞源》中都有“松风石”的记载。

一千多年后，“扶余”的名字如故，这就是中华文化的传承。但，虽仍是油黑的土地一望无垠，青纱帐起高粱，甚宜五谷生长，却和全国一样，被“文革”搞得农民“不富无余”。火玉和松风石再不见踪影，也许化作了石油，成为吉林省的产油县。

全家人在东北农村

这就是我们落户的地方，我和馥馨都做好了一辈子在这儿的打算。每天大队部前老歪脖树吊的半截钢轨被敲响，我们就扛着锄头上工。东北农村的“垄沟”长，一上午只能“锄”两条。老乡们待人，只要你踏实干活，没架子，为人正派，就和你亲，其标准既简单却又深及人的本性。大爷们不但教我们农活，还教我们如何挖菜窖，怎么防

在农村炕头上的严恭夫妇

寒、起灶；大嫂大娘们还教馥馨和小妹怎么碾米，怎么蒸粘豆包。我们盖了有院子的新房，灶连炕，安了“八印”的大铁锅，女儿很快熟练地掌握了锅底熬菜、锅边贴饼子的绝活。我们种了自留地，房顶上晒粮食，还挖了菜窖。因为村里公用的大辘辘井两丈多深，冬天井台上滴水结成“冰山”，老乡们也要打滑磕绊。馥馨和小妹去抬水，一个是体虚年老的病人，一个是小女孩，真是艰难又危险，让人提心吊胆。所以我冒着被指责为“搞特殊”的危险，也学着村里的高新技术打了一眼压水小管井，不过没在院里，而是安在锅台旁，这样，水可以直接压到锅里，我们发现夏天还可以把香瓜什么的吊入井中“冰镇”。还有老乡说的居家过日子的“前拱后刨”，指的是“猪往前拱、鸡往后刨”，女儿五月是过日子的好手，养了一只趾高气扬的大芦花公鸡，在其的控制下，一群咕咕叫的母鸡温顺地四处觅食，让人一进院子就绊脚，但立时使家变得有声有色、活泛起来。当然还必须有一只硕壮而动作敏捷的虎皮猫，这就真正成了标准的东北农家了。

冬天是一年中享受收获的季节，种的粮偎好了，院子里种的菜存在窖里；窗外是天然大冰箱，大豆换的豆腐，和自己家蒸的、乡亲们送的一大口袋“粘豆包”，是两位女士的最爱，都冻得“哗啦啦”响；黄面酱发了一缸，酸菜也“渍”得有滋有味。更绝的是，乡俗是把年根分的半片猪，用水一遍遍泼上，冻起透明的冰壳，坚如铁石，狼和老鼠看着馋可扒不动，灰尘也沾不上，到要吃的时候，用铁镐刨开，然后用木匠的锯子锯，斧子砍，尤其是用刨子“推刮”下刨花似的薄肉片，可以做出东北有名的“酸菜汆白肉”。早上起来，积雪把门堵住，那是真正的“大雪封门”。一家人和虎皮猫，吃着自家劳动收获的东西，一天出不了门，也不想出门，东北叫“猫冬”，这时候才明白为什么都留恋“老婆孩子热炕头”。

这就是“五七”战士的生活。手巧的人，有更多的“创造”。不过，使人担忧的是孩子，长影艺术干部有个生在农村的男孩，回到长春惊奇地大叫：“哎呀，这儿的水井咋都‘倒’着淌水？底下的‘马槽’咋不是木头做的？（指水槽）。”随即，往瓷砖地上一躺，说：“不‘埋汰’（东北话：脏），这比咱家炕面还亮呢。”

我们歉疚耽误了女儿五月的前途，她却毫无怨言，每天除了到五里以外去上初中，就忙于照顾妈妈和我，养鸡、种菜、磨面、做饭。懂事又可爱的女儿哟，实际上已经担当了主要家务，连老乡都竖起大拇指称赞：“这丫头，‘沙楞’！”“沙楞”在东北话里，就是能干，利索的意思。

冬去春来，随着政策的一步步落实，全家于 1972 年告别乡亲，奉调回长影。馥馨和小妹对乡居生活还有念想，用篮子带回了在农村养大的虎皮猫。

“二层楼”和三部电影

又回到熟悉的、门前有条宽平大路的长影“一宿舍”。这幢方方正正的大楼，原是“日本关东军总医院”，当年很少有的瓷砖贴面，总给人冷冰冰的感觉，房间多为原来的病房，公用卫生间在走廊。改为宿舍后，特别是“五七战士”们回来，走廊里堆满东西，最有电影厂特色的是胶片箱改制的碗橱，隔开一家又一家的煤油炉。做饭的时候，倒是聊天和交流的好机会，从省钱又美味的烹饪技巧，到凭那一点点肉票买肘把子比割净肉更划算、商店又来什么冻带鱼等等家常话。经常是，买到便宜货的人提着东西进入走廊，一路走一路吆喝，于是，手里锅铲还没放下的男女“主妇”，纷纷围上来看，随即响起一片催丈夫、孩子赶紧去买的呼喝……这种状况，几无家庭秘密可言。也许疾风暴雨式的斗争过去后，每个人和家庭都经历了坎坷，对政治、人生，都在挫折中冷静下来思考过，于是“人之初，性本善”又回来了，你尝尝我做的菜，我吃一口他烙的饼，互相帮助，照顾放学早的孩子和病号，甚至劝解吵了架

1976 年春节全家合影。虽然居室狭小，但也其乐融融

的夫妻。虽然走路经常要侧着身子，一片锅碗瓢盆声，满楼油烟酱醋味，但我们还是非常怀念这和谐、温馨的日子，永远记得和感谢那些好邻居们：小潘和徐寿增、家乙和林白、隋桂凤和徐雁、钱仲选和大吴、张玉昆和史维钧夫妇们。

给我们的宿舍只是一间“双人病房”，连东西都摆不下。每到困难的时候，我们的儿子就会主动来到我们身边。他在甘肃工厂拼命工作，主动加班，常常二十四小时连上，为的是积攒假期，千里迢迢赶回来帮助搬家、盖房。这次他又想了办法，在屋里搭起“二层楼”，“楼上”不但妹妹可以睡觉，放自己的衣服和物品，还安了块板子，成为书桌；“楼下”搭起架子，分门别类放东西，很实用。新日子就这么过起来，我们已经很满足了。

1974 年，在长时间的“反击右倾回潮”等继续思想改造后，我接受了《钢铁巨人》导演的任务。这是一个反映粉碎“帝修反”技术封锁，成功制造出我国第一台重型轧钢机的真实故事。“文革”后期的拍片，什么都上升到“两个阶级、两条道路的斗争”，作为焦点的导演，特别是我这个“被解放”的人物，更是在革命群众的监督下，小心翼翼，如履薄冰。剧本作者署名为故事真实发生地齐齐哈尔重型机器厂的“《钢铁巨人》创作组”，审查上还算顺利。

接下来，让我任两部影片的顾问，要求“全程参与”，用当时的话叫“扶上马，送一程”。第一部是在 1975 年，根据当时声望较高的话剧《山村新人》改编的同名电影，描写在长白山插队的北京“知青”，带领群众狠抓阶级斗争，揪出暗藏阶级敌人的故事。这是一部符合潮流之作，不过当时很少有写“知青”生活的，引起我的兴趣。导演是精明能干的姜树森和荆杰。主演选择了“武汉人艺”气质很正、朴实秀丽的张金玲，后来号称“四小名旦”，调到北影。

担任场记的，是刚入厂的一位端庄的女青年赵实，踏实、勤奋、好学，这在当时的青年中，是少有而可贵的。果然，后来她担任了一系列职务，担子越来越重，至今已任国家广播电影电视总局的领导。

1974 年拍摄《钢铁巨人》的工作照

第二部是湖北楚

剧的一折独幕戏《追报表》，老队长追回了小会计正送往公社的不实的报表。导演刘文余。此片拍摄时在“四人帮”倒台之前，恰逢小平同志抓生产，提倡实事求是，反对浮夸风，内容符合人心，轻松活泼。摄制过程不长，亦较顺利，为此片我在武汉、麻城跑了一圈。这是三十九年后第一次重回旧地。晚上，独步江边，似又听到演剧队抗战的歌声、“献金”的狂潮……然而，当年我们在周恩来副主席领导下，所作的都是“反革命行动”吗?!

那几年，最痛苦的是馥馨的身体日渐衰落，因发现癌细胞“转移”，又在北京协和医院动了称为“扫荡式”的大手术。在手术期间，《祖国的花朵》的“小”演员（其实都步入中年矣）闻讯前来照料。时任中央电视台新闻主播的“小队长刘菊”的扮演者吕大渝，约集她的好友，儿艺演员倪美令、顾小泉夫妇，她们虽与我们并无深交，也一齐主动到医院轮值，使我们全家深受感动，至今心存感激。

1981 年馥馨在京手术期间，抱病翻译布莱希特唯一的电影剧本

苦于在北京没有住处，自己也不能为馥馨做些可口而又有营养的饭菜，无法继续留在北京，正无奈打算回长春时，吕大渝来探望时得知，主动倾力帮助，雪中送炭，腾出自己不大的住房，让我们安身，并在她家开伙，这是极难做到的。她的性格直爽，似乎不拘小节，但对人真诚、热情似火，把我和馥馨当作名符其实的亲人，这是永远难忘的恩情。

我则发誓给馥馨争取最好的医生、最好的药。一天，看到《人民画报》上介绍肿瘤医院院长，就想请他给馥馨好好治疗。托了许多人都不认识，可巧司徒慧敏同志问起“三妹”的情况，我讲了苦恼，他却正好认识院长，于是馥馨得到国内最好的诊疗，这是我心存的一点安慰。

1977 年伊始，我极想拍一部有分量的作品，于是 1 月即飞北京，开始组织写作一部解放大军渡江，解放南京建立新中国的电影。访问了许多健在的老革命家，收集了几大本素材。夏衍、胡乔木等同志都提出意见和指示。

夏公以主席诗句，亲笔题名为《钟山风雨》。1978 年 5 月，我邀请南京作家艾煊写出了初稿，但因种种原因未能上马，后来别的厂将此题材搬上银幕，获得很大成功。看起来凡事还是要恰逢时机，早摘的果子难甜。电影人经常要做许多"无用功"，浪费宝贵的时间，只能徒唤奈何。

1978 年，陈鲤庭师要将白尘先生轰动全国的名剧《大风歌》搬上银幕，函电要我"联合导演"。我深知是恩师再次对我的提携，是我学习的好机会。果然两大名家珠联璧合，艺术构思上匠心独具，环环紧扣，异峰突起，感情细腻而又气势恢弘。我比鲤庭师年轻些，理应多作些具体工作，遂紧张地跑历史博物馆，拜访专家，搜集资料，到西安、咸阳等地采景。我和馥馨为此在上影住了一年多。1980 年，《大风歌》终因种种矛盾和问题而下马，一部电影艺术精品付之东流。像这样两位艺术大师级的合作，电影界再没形成，惜哉，惜哉！

1979 年 5 月，陈白尘与严恭进行《大风歌》的艺术构思

历史的公正和“归家之雁”

1980年平反后，又振奋起精神要工作

粉碎“四人帮”后为了揭露江青一伙诬陷、攻击周总理，阴谋篡权的罪恶，郭沫若先生在病中满怀愤慨地支持、帮助“演剧队”成员向党中央申诉历史真实情况。

我们敬爱的邓颖超大姐，亲自写出证明材料和向中央的报告，明确指出：“演剧队”是周总理亲自领导的革命队伍，为抗日、为祖国人民、为新中国的建立做出了贡献。

党中央审核后，决定拨乱反正，将被颠倒的历史还以真实。从1978年起，中央组织部下发一系列文件，相继确定“左联”、“演剧队”是党直接领导下的革命组织的性质；1979年“中组〔78〕组通字8号文件”，正式为“新中国剧社”平反；1984年，“中组部〔84〕老干二字021号文件”，明确“左联”所属的各“分盟”、艺术团体成员，应从参加日起确认革命工龄。由此确认馥馨的革命工龄从1939年，在桂林参加夏衍领导的《救亡日报》算起；我参加革命的时间，则确认为1934年参加“左翼剧联南京分盟”之时。至此，我和馥馨的历史全部还以清白，并且为鲜红颜色，背了三十五年的历史包袱终于解除。

1982年，电影生产大发展，各省市纷纷办厂，电影局遂从老厂调骨干去任厂长，亦征询我任广西、潇湘厂厂长的意见，我始终决意不下。此时南京电影制片厂“上马”，因为《满意不满意》一片，南影到长影来约请我去加盟，我和老伴欣然接受。想起来，我从1936年离开南京，已经四十六年；从

1949年由江南调到北国，也已三十三年。我和馥馨都从热血青年步入老年，馥馨身体已不适应塞北风寒，我亦将近花甲，内心渴望归根。儿时的一切经常梦萦魂牵，那白鹭洲挖的野菜“菊花蘐”、“枸杞头”，那小贩卖的黄桥烧饼、蒸儿糕，都是渴求的美味，其实是那浓浓的思乡之情日深。

于是，1982年6月，老雁回故乡，举家南迁。送行的朋友蜂拥而来，超乎预料的多，一些没通知的同志听到信儿也都自发地跑来了，有些竟是平日来往不多的工人师傅，更让人感动。这是对我们人品的肯定，我和馥馨都是普通百姓，有这点情谊，已经从“做人”的高度知足了。因为送行的人太多，长影厂办公室临时在面包车之外，加派了一辆大巴士。站台上，馥馨已忍不住眼泪，和好友们拥抱握别；上车后，她不敢看站台上的人们，我亦几不能自持，夜难入眠。三十三年，风风雨雨，殊是一言难尽。到南京，摄影一张加以题记，至今悬挂在壁，以为念。

1983年，在南京西康洛招待所，第一张三代全家福合影

《月到中秋》分外明

回到家乡，受到江苏省委宣传部和文化厅的热情接待，心里暖洋洋的。但坚辞“厂长”的职位，戏言：“几十年来，只有被人领导的经验，没有领导人的经验。”其时唯一惴惴不安的是：如何报效家乡，为江苏做出贡献。未待安好家，即寻找合适的剧本。同时，对南影拟拍的《蓝盾保险箱》等片，在艺术创作上给予帮助。

正在此时，一位电影厂有艺术造诣的资深编审，在江苏组织了个剧本，认为是当前不可多得的好剧本，遂正式推荐给我，剧本名为《月溶溶》，编剧是青年作者邹安和。

这部戏生活气息浓郁，作者从生活中撷取精华，通过一个“文革”后新组合的家庭三代成员尖锐的冲突，真实反映了“文革”给普通百姓造成的创伤。然而该剧没有停留在伤痕文学的窠臼里，而是描写了美好的心灵，化解了感

《月到中秋》在南京玄武湖拍外景。左二为严恭

情的纠葛和冲突，使善良的人们最后看到了希望，得到了幸福和快乐。全剧贯串着浓郁的感情。以情动人，这正是多年以来我们的电影所缺乏的，甚至，因怕扣上资产阶级“人性论”的帽子而有意回避的。回避情感，对于艺术作品而言不啻是致命伤，因为艺术的本质即在以情动人。

剧本得到省委宣传部、文化厅的肯定，上报中央电影局，出乎意料之外得到了石方禹局长、文化部顾问陈荒煤同志的高度称赞，说“自己感动得落了泪”，认为这个剧本从生活中来，塑造了可信的普通人形象，以美好的感情动人，结论为：这是 1982 年以来最好的剧本。甚至感谢南影厂组织了一部好电影，并建议改名为《月到中秋》。

时任文化部顾问的陈荒煤同志（右二）视察《月到中秋》摄制组

这些肯定，给我们很大的鼓舞。我在增强信心的同时，也感到很大的压力。1983 年 8 月，完成片送审。一审即基本通过，评价为：“题材新”、“比较动人”、“演员不错”、“拍得也好”。石局长当场拍板：小修改搞个方案即可，修改片不再送审，正式通过。这在我从影的经历中，是很难得见的。

1984 年冬，我又应江苏电视台徐慧征台长之约，任电视剧《秋白之死》的艺术顾问。这是塑造瞿秋白的第一个荧屏形象，也是迄今为止唯一以他为主角的影视艺术品，在当年无疑是块“硬骨头”，有政治风险，也有艺术上极大的难度。我的脾气是不怕难。瞿秋白与恽代英、张太雷号称江苏常州“革命三杰”，对中国革命和左翼文化建设有很大的贡献，但一直以来受到极不公正的待遇。对他们极大的崇敬和同情，使我全身心地投入进去。

江苏台电视剧部刚刚起步，尚在摸索阶段，因此拍摄困难很多。我像大师们教我一样，一点一滴教起，毫无保留。包括四十年代在昆仑影业公司学到的一景多用等“绝招”，都实地指导。《秋白之死》的主演赵有亮，形象、气质俱佳，较好地掌握了这一历史伟人的形象塑造。徐慧征台长的艺术造诣、政治水平都很高，为人忠厚、善良，因之合作得很愉快，真诚的友谊保持至今。

该剧播放以后，受到观众和理论家的好评，认为“是一部撼动观众心灵，蕴含历史思考，壮美而深沉的革命悲剧，是对人物传记片的一次大胆突破”。该剧获得电视剧“飞天奖”和大众电视“金鹰奖”双双一等奖、“江苏省优秀创作”一等奖和省政府通报表彰的荣誉。

1986 年到 1987 年 2 月，又应浙江电视台台长、长影厂老友韦连成约请，任长篇电视连续剧《柔石与鲁迅》的艺术顾问。对二十世纪三十年代，我是亲历者，创作过程等于又神游那艰苦的生死斗争的年代，使我在创作中对如何处理革命历史文化名人方面，得以再次深入思考和探索。

心中永远回响的《英雄交响乐》

使我最痛苦的是，馥馨日渐消瘦，虚弱无力。医生嘱其静养，不能再作翻译工作。不了解的人，也许觉得翻译工作只是一支笔一张纸而已，有一位翻译家道出其中的甘苦："一名之立，旬月踌躇。"

把为人民做事视为天职和人生唯一目标的馥馨，永远是默默的，毫不张扬；又过于认真、踏实，一丝不苟。就在离开长影前，她不顾医生的劝阻，接下了中央电视台翻译、导演进口连续剧《达尔文》的任务。我没加"毅然"、"决然"的形容词，是因为她的性格从不会作"英雄状"，甚至会带些羞怯。《达尔文》中涉及大量的生物学术语，为此她翻阅了大量的资料，实在弄不懂的，就要我到北京时找专家请教。我深知，她确是用生命在拼搏，不到每一个词都准确无误，她是不会交稿的。影视翻译片更增加了必须在人物感情、台词意思都准确的前提下，对准银幕上外国演员的"张、合口型"，这又增加了劳动量。当这部片子和她的其它翻译片一样，准确、自然、如中国人在说话那样天衣无缝时，她自己只是对领导的赞扬淡然笑笑，没有什么多余的话。这些综合起来就是馥馨，她一辈子就是这样度过的。

就在她倚在病床上，写写停停，喘息着翻译好德国戏剧大师布莱希特唯一的电影剧本《三分钱的歌剧》，由中国电影出版社印行后，1984 年 12 月 11 日，她终于离我和孩子们去了！走得很安详，和她平时的为人一样。我最亲的人，那四十三年和我同甘共苦的亲人，离我而去了，那种心被活生生挖掉一块的感觉，那种霎时生活几乎整个空了的心情，任何语言都形容不出来。整整二十多年了，至今家里最显眼的地方永远挂着馥馨的照片，每年照相，我都要告诉孙子："要把奶奶照进来。"

每天、每时我都在和她说话、谈心，就像过去困苦的时候、压力最大的时候、高兴的时候一样……泪水再次模糊了我的眼睛，我的手发抖了，多少次都想好好写篇纪念馥馨的文章，但提起又放下，每次心都像被揪紧了，使我无法自持……

追悼会上，我坚持用了贝多芬的《英雄交响乐》。她，没做什么惊天动地

1976 年严恭与蓝馥馨的最后一次合影

的伟绩，然而，她就是我心目中的“英雄”！在抗日烽火的岁月中，我们怀着深情厚意，生死与共，作为妻子、母亲，她承受了更多苦难；在长期不公正的待遇下，特别是在残酷的“文革”中，我们互相扶持，互相安慰，但我深知，善良、老实、内向、脆弱的她，要用多大的勇气和力量才能支撑。这力量的来源，有对党对祖国的高度忠诚和信任，有对我和孩子无尽的爱。馥馨，我的亲人，你永远是我和孩子心目中的“英雄”！你不必总觉得自己作得不够多。在抗日战争和解放战争时期，馥馨在党的领导下，全身心地投入革命斗争，1939 年即参加了夏衍领导的《救亡日报》工作，这是抗战中党的重要舆论阵地。她是新中国剧社发起和创建人之一，并任学习干事、演员组长等职，参加了那个历史时期最重要的五十多部话剧的演出，在《蜕变》、《复活》、《戏剧春秋》、《家》、《草莽英雄》中任主要角色，并受到观众和专家的一致好评。

解放后，她又在《明朗的天》、《尤利乌斯·伏契柯》中任主演，并担任《南方来信》等剧的导演。

五十年代，馥馨翻译的话剧《曙光照耀莫斯科》，是新中国翻译的第一部反映苏联当代现实生活的话剧，轰动全国，载入新中国话剧史册。当时，大江南北，各剧院争相演出。为此她荣获文化部颁发的“全国第一届话剧汇演翻译一等奖”及中央东北局宣传部、文化部等多项褒奖。

1965 年于长影，正是事业有成的大好时候

在电影方面，尤其是在开展世界电

2000年春节“与蓝相伴”

影艺术交流的译制片方面，她倾注了后半生的全部心血，做出了突出的贡献。从1955年调入长春电影制片厂至1982年，共翻译、导演四十二部美、苏、意大利、朝鲜等涵盖五大洲友好国家的影片，导演科教片、新闻纪录片五部，导演《雷雨》等话剧名著三部。其中《百万英镑》、《罗马十一时》、《上尉的女儿》、《纽约奇谈》等世界经典名片，给人以美的享受和人生启迪；今天新生代音乐家，如著名作曲家三宝，至今仍念念不忘影片《奇普里安·波隆贝斯库》对他走上音乐圣殿的影响；《卖花姑娘》的歌声，更是回响在工厂的吊车旁、山村的溪水间，几乎使十亿人民都献出了感动的泪水。

馥馨去世的不幸消息传出，全国影协、剧协、世界电影学会和北影、长影、上影、辽宁人艺、北京人艺、上海人艺都致电悼念。夏公、阳翰老、于伶、司徒慧敏、陈荒煤、陈鲤庭、石方禹、丁峤、袁文殊、李默然、吴雪、凤子、夏淳、吕复、舒强、于蓝、赵明、王苹、许之乔等好友都送了花圈。

一个人，成就无论多大，品德才是人们怀念的根本原因。馥馨的同事、领导、学生发来的电函、信件，记录着他们对光明磊落、以革命利益为重、正直无私、功成不居、埋头苦干、团结同志、生活朴素、善良助人、作风正派、认真负责的馥馨的怀念。馥馨，这就是你在人们心中的形象，是作为一个“人”很高的评价，馥馨，这是足可告慰你的。

馥馨性喜清纯、雅致，钟爱兰花。在长春培植了几盆君子兰、叶兰，南迁时，硬是单独提着、捧着，千里迢迢带来。喜的是，在我们精心照料下，叶似油绿，花蕾繁密，暗香袭人。看到兰花，似又看到馥馨，2000年春节，阖家团圆之时，不禁在兰花旁合影，自题为“与蓝为伴”。

《逢凶化吉》与《满江红》

1988年，我和喜剧大师陈白尘先生的真传弟子、著名编剧李天济酝酿了几年的剧本《逢凶化吉》终于完稿。

我们都经历过抗战的血雨腥风，同时我们也都有志于中国喜剧电影的发展，如何在原有的基础上创新？如何有所突破？这是我们经常议论的话题。我们决心在耄耋之年共同拼搏。天济是个喜剧天才，潜心钻研喜剧五十余年，无论是生活素材，还是喜剧技巧都积累甚厚。更重要的是，他独具慧眼，有自己的艺术追求。他首先精心构思了《逢凶化吉》剧本，全剧不直接表现战争，主人公确定在战争中的普通百姓身上，从他们的境遇、心态、感情上，使观众感悟到反侵略的正义感和凝聚力。艺术上，则坚决摒弃所谓“喜剧色彩浓郁的正剧”甚至“轻喜剧”，要搞一部“纯粹”的喜剧，甚至“喜闹剧”，而且要有浓郁的民族特色。不难看出，在当时这是冒着“不能正确反映伟大的抗日战争”的政治风险的，在艺术上也是另辟蹊径。这里有我们自己过去经验的积累，更多的是“创新”，包括对自己的否定，由此，决定了这必然是一次颇费精力的探索。

果然，几个厂都不接受这个剧本，这在我们意料之中。关键时刻，时任广西电影制片厂厂长的高鸿鹄，大胆地接受了这个剧本。广西厂地处一隅，但因勇于探索而名震一时。

既是探索，少不了波折和坎坷。此时，过去搞喜剧的经验和创新的决心，使我得以坚持。在时逢十五年难遇的酷暑中，我完成了导演艺术构想和分镜头，即紧紧抓住人物的性格，提升艺术品格，强调在“一目了然”的基础上，追求情理之中又意料之外的“新奇”，使观众不费心思地在笑中欣赏。这部影片的背景，放在江南水乡。苏南秀美的景致和风土人情，都是我俩熟悉的，而河岔与铁路交织，小丘、芦苇、扁舟、庙台、木楼，给喜剧的发生又提供了绝妙的舞台。

在《逢凶化吉》拍摄中，因为都是戏剧和电影的专业演员，表演遵循斯氏体系，对表演的要求角度和高度都与《满意不满意》不同，强调的是在把握人

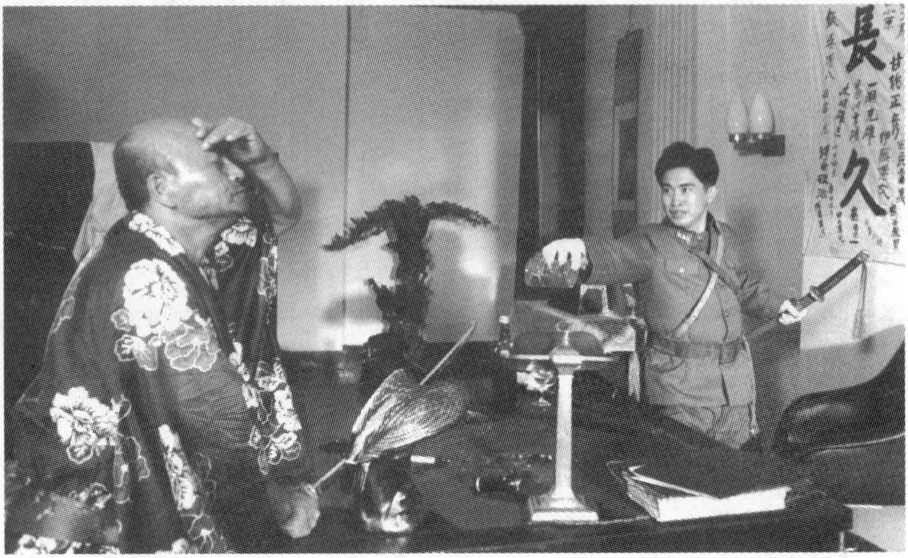

《逢凶化吉》剧照

物性格和规定情境的基础上,"严肃、认真"地表演。

我认为喜剧是"严肃"的艺术,演员越严肃、认真,观众越能体会到深层次的幽默,这是提高喜剧艺术品位的关键。

在表演处理上,我要求更细致、多层次。我向演员提出:墨分五色,笑亦多味,不可浑为一"道"汤,否则,国之瑰宝水墨画不复存在,浓则浓矣,但只是漆黑一团。《逢凶化吉》中注重甜、酸、辣三味的笑,须掌握适当,这"当",即为人物性格、剧本主题、规定情景,如是,则浓妆淡抹总相宜、嘻笑怒闹皆锦绣,形成和谐、隽永、美好的图画。

片名《逢凶化吉》,本身即体现了民族喜剧传统。在情节结构、艺术风格上受《剪灯新话》、《三言二拍》传奇小说和中国戏曲的影响,因之,在"凶"字上渲染,在"吉"字上化解,"偶然中见必然",即为总体构思。为激化喜剧因素,此剧情节动作强于语言,大不同于我过去所拍的影片。枪战、爆炸、汽车追逐和特技等,都是我学习的新课题。在全组的努力下,摄制基本顺利。

放映后,评论认为:不亚于法国战争喜剧经典片《虎口脱险》,且绝对是中国民族的风格特色。除主演较"嫩"外,可说是成功的创新,献出的一份"惊喜"。但,其时未能展开宣传推介,至今不知何故,这也是电影艺术工作者的无奈。

2002 年,中央电视台著名主持人崔永元制作《电影传奇》,在我处采访中,发现此片,兴趣盎然,认为是中国喜剧电影中创新的佳品,亦为没在全国放映而诧异。

1991年和1992年，对于浙江省来说是重要的年份，甚至海外都很关注。因为恰逢民族英雄岳飞诞辰888周年、殉难850周年。浙江省特举行隆重的纪念仪式，岳氏第二十七、二十八代孙都从数千里外的台湾甚至美洲郑重赶来，顶礼膜拜。

浙江电视台责无旁贷，筹拍岳飞传——《满江红》，台长韦连成任总监制，由我的老朋友史莽编剧，特聘我肩担总导演重任。

1991年给岳飞饰演者樊志起说戏

听说我寻找演员，上海的影剧界老朋友们给予我大力支持，我亲往上海迎请他们。这是一个强有力的创作班子：刚以《陈毅市长》获得赞誉的名演员魏启明饰秦桧，绝无脸谱化，很有新意；胡庆士演赵构皇帝，深化其内心世界，不同一般；乔奇饰赵士俊；著名喜剧编剧李天济演秦桧手下一小丑罗汝楫，只有几句话，却精心准备，做足了戏。还有老演员袁之远、农中南、范同等，“姜是老的辣”，他们不仅认真负责，而且有自己的艺术设计和追求。岳飞由青年演员樊志启扮演，年龄跨度大，要求不表面化更难，但凭着他倔强的努力，虚心学习的精神，在形象塑造上终于有不俗的表现。美工为有经验的金伯豪。

拍摄中，使我深为感动的是，人民对真正为国尽忠的英雄怀着怎样深厚的感情。这些普通百姓，居然在做“岳飞受屈”一场的群众演员时，真的动情痛哭起来，惹得演职员、旁观者都泪眼婆娑。岳元帅精忠报国距今已八百多年啦！我第一次感性地明白什么叫“世世代代”的怀念。全心全意为民者，方能享有此殊荣。这种怀念因为出自普通百姓的内心，可谓“至高无上”。人心胜过笔墨赞颂，贵过金石铭刻，这是历史的真谛。

我也是怀着这种心情执导的。电视剧播放以后，受到广泛好评。中国电视艺术家协会为此举行研讨会，会上有人称赞此剧是“用‘正楷’塑造的历史英雄诗篇”。史学家尤以高度评价，赞誉该剧一方面能严肃、求真地反映历史，另一方面在艺术处理上严谨、精致、流畅，是上佳的艺术作品。这两点正是我所追求的。我想这个剧的缺点就是商业化不够。

1988年及其后的两部片子，是我影视生涯中的收山之作。导演《逢凶化吉》时为七十四，《满江红》时已七十有七。“长江后浪推前浪”，退出导演的工作，这是自然的规律，此后，将心爱的秒表、取景框擦拭后，悄然珍藏；但仍徘徊于电影的书报之间，参加电影评论学会、田汉基金会、话剧研究会、影视评委等活动，写了不少回忆、总结文章，电视台与报刊亦经常造访，使我觉得仍与心爱的事业有千丝万缕的联系。是的，人生中永远解不开、斩不断的是“情结”，戏剧、电影是我永远的“情结”。

我尤其惦记着儿童电影事业，和热爱儿童片的于兰同志，以及朱晓鸥、陈锦淑、秦培昌等同志紧密联系，参加“中国儿童少年电影学会”及全国性的“童牛奖”创建、评奖活动，累是累些，但是一和孩子们在一起，立即充满了活力，从中得到了无限乐趣。

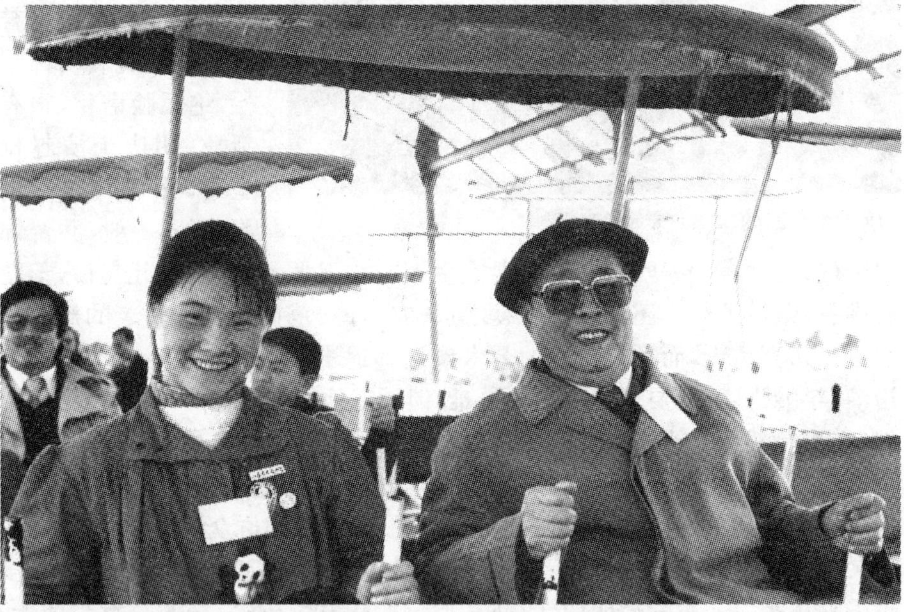

与第三届“童牛奖”儿童评委同乘高空车

回“家”的感觉真好

1989 年为赴美的女儿送行

1989 年，多年与我相依为命的女儿五月远赴重洋到美国发展。女儿为这个家献出了许多，馥馨病重之时向儿子嘱托：“照顾好爸爸，帮助妹妹达到她的心愿，让她体会到人生的愉快。”她的哥哥默默地尽了全力，加之他们小夫妻不懈地努力，终于要飞走了。

我明白馥馨的心意，所以始终笑着宽慰女儿，我为她赋诗一首：别父离家莫率愁，宝刀不老任自由，成材之日雁归来，合家同谒母墓台。我坚持送她到上海，直到美国“联航”的飞机在虹桥机场滑行起飞升空，在众人的惊呼中，我情不自禁踉跄着攀上停机坪外的栅栏，让我多看女儿一眼吧，多看一眼，哪怕只是看看她乘坐的飞机……泪水不听话地悄然夺眶而出，我哽咽着，仍然睁大了眼睛……

孤独的可怕，只有单身的老人才感受最深。儿子工作在千里之外，他组织了《焦裕禄》等百姓欢迎的影片，任务繁重。尽管他尽量抽时间回来看我，但终究离多聚少。朋友们都说我是个坚强、乐观的老头，有谁知道在那漫漫长夜，有多少次老泪长流，湿透胸襟。“少年的夫妻，老来的伴。”在孤独的岁月中，我看着馥馨的照片诉说着：“老伴，你丢下我一个人先走了，过去你受了那么多的苦，今天生活好了，你却没能享受，我一个人多么孤单哪，我想你啊亲人！”可她还是那样儒雅、温和地看着我，似乎听见她在说：“严恭，你要好好活着……”所以，当年七月，我即对儿子“敲竹杠”，要他拿出刚得的稿费。请我们祖孙三代游黄山。恰遇上山缆车故障，我拒绝了要我在山脚下住一天的建议，带着孙子徒步登山，几小时后终于登顶，并暗自给自己鼓劲——全程没乘滑竿走下来，而且是那天徒步登山年龄最高的老者。

2000年夏于钟山干部疗养院

是的，有的朋友刚失去老伴，同志们去看她，见屋里堆满了衣服，她眼睛发直，手里不知忙活什么，嘴里念叨着："老伴，你的衣服该晒了……"这段让人失去生的欲望的可怕时期，每个人都会经历。但是老年人应该自己坚强起来，自己"找乐儿"。为了馥馨，为了孩子，也为了自己，我定了许多自我格言，订了看书写作的计划，学会了打太极拳，向医生、按摩师、针灸师请教，总结了一整套保健方法，甚至被朋友拍成录像片。我将手书扇面醒目的"凑趣"、"勿抱怨"两句，作为生活准则，自得其乐

生活是多彩的，无论怎么苦难，总会有喜剧发生。有一段时间，我成了"大龄未婚青年"，老朋友们总给我介绍老伴，孩子们也劝我"向前看，走一步"。都是好人，但我还是总和馥馨在谈心，二十多年啦，我还是忘不了，放不下，始终没有"再向前走一步"，至今孤身一人。

1999年起，我两次手术，医生都劝我"保守疗法"，说明白点就是别做手术。特别是2002年被汽车撞得股骨粉碎性骨折，要做大手术，置换人造骨。当孩子看着"手术单"上列着一长串可能出现的危险，不敢签字，医生也提出不做手术，长期卧床休养时，我决然地说："我一定要站起来！我要手术！"在医生和儿子精心护理下，三个月后，我不用拐杖，又可以自己上下二楼走路了。

傍依着几百亩的梅花山，满院环绕着竹林、松树，这就是我现在住着的江苏省干部疗养院。这里有白衣天使医护，也有可以聊天的朋友。前些年春节，我还可以表演老年"迪斯科"，现在，只能自觉点儿，说一段自编的"南京白局"："炊事班不简单，天天忙得团团转……"

是啊，要感谢的人太多了：感谢江苏省委、省政府、省委宣传部、省委组

儿子一家陪我步行登黄山。1989 年七十五岁同登黄山

在南京家院中打太极拳锻炼身体，给女儿作健身示范

织部、省委广电厅和省广电总台、南京电影厂、省电影家协会对我的照顾和热情关怀。

2004年,在省委宣传部、省文联、省电影家协会、省广电总台为我“从艺七十周年”并“庆寿”的宴会上,我致答谢的第一句话就是:“回‘家’的感觉真好!衷心谢谢组织、领导和家乡的父老乡亲们……”

附 录

严 恭 简 历

1914年 1月19日 生于南京秦淮河畔。

1934年 春 参加左翼剧联南京分盟。

1935年 8月 化名“严恭”考入我国第一所戏剧学府“国立剧专”，为表演系第一期学生。

1936年 6月 在上海参加党的“文委”领导的第一个大型戏剧集团——上海业余剧人协会。

1937年 8月15日 参加上海抗日救亡演剧队四队。

1938年 4月 被党组织派往河南鸡公山“青年军团艺术大队”任教官。

5月 奉命带学员宣传队赴徐州、台儿庄战场慰问演出，亲历徐州保卫战。

8月 在周恩来同志领导下的抗敌演剧队二队，任队委、演员组长、舞台总监、演员、导演。

1938年 11月 参加周恩来同志直接领导的“特别工作队”，参与“长沙大火”的善后工作。

1940年 5月 赴桂林参加演剧队机关刊物《戏剧春秋》工作。

1941年 6月 根据党的指示，与杜宣等人共同发起创建新中国剧社。任剧社理事、艺委会主任、演出部长、舞台总监、导演、演员、编剧。到1947年六年中，辗转湘、桂、黔、滇、苏、沪、台湾七省市，跋涉数千里。

1946年 12月 随新中国剧社赴台湾开拓革命剧运，主演《郑成功》。

从1934年到1946年底十三年间，参加编、导、演革命进步戏剧及世界名著共八十多部，其中在二十多部戏中任主角，独立执导的话剧二十多部，参与编剧十多部。

1947年 按照党的“文委”指令进入电影界。任电影《鸡鸣早看天》的副导演。

1948 年　与赵明联合执导电影《三毛流浪记》(阳翰笙、陈白尘、李天济编剧),1949 年 9 月起在全国上映,是新中国放映的第一部党领导下拍摄的儿童片。该片 1983 年在葡萄牙第 12 届“菲格拉福兹”国际电影节上荣获评委奖;1984 年在意大利第 14 届“索福尼”国际青少年电影节上获荣誉奖。

1949 年　调入“中央电影局”艺术委员会任导演。

1950 年　参与筹办新中国第一座“电影表演艺术研究所”(即北京电影学院前身),为主讲教师。同年执导电影《卫国保家》。

1951 年—1954 年 1 月　导演《结婚》。

1953 年　调入东北电影制片厂(即现长影厂)。

1954 年　导演我国第一部描写新中国少儿生活的影片《祖国的花朵》。该片获文化部、教育部、全国文联等八部委联合举办的“1954 年—1979 年第二次全国少年儿童文艺创作评奖”创作、导演一等奖,片中《划船歌》同时获儿童歌曲一等奖。

1955 年　11 月　任文化部批准成立的“儿童影片创作小组”组长。“儿童影片创作小组”为建国后第一个儿童片创作集体。

1955 年　导演《罗小林的决心》(王家乙编剧)。

1956 年　《哥哥和妹妹》编剧(苏里导演),该片为我国第一部低幼儿童影片。

1957 年　导演《青春的脚步》(薛彦东编剧)。

1958 年　导演《并肩前进》。

导演《帅旗飘飘》。

导演大型纪录片《时间的主人》。

1959 年　导演我国第一部彩色儿童片《朝霞》(刘厚明编剧)。

1961 年　导演《炉火正红》(于敏编剧)。

1963 年　导演《满意不满意》(费克、张幻尔、严恭编剧)。

1974 年　导演《钢铁巨人》(集体编剧)。

1982 年　6 月　调南京电影制片厂,任顾问、导演。

1982 年　导演电影《月到中秋》(邹安和编剧)。

1984 年　任电视剧《秋白之死》艺术顾问,本片荣获当年大众电视飞天奖和电视金鹰奖一等奖。

1986 年　任电视剧《鲁迅与柔石》艺术顾问。

1988 年　导演电影《逢凶化吉》(李天济编剧)。

1991 年　任电视剧《满江红》总导演。

图书在版编目(CIP)数据

像诗一样真实:严恭自传/严恭著.—北京:中国电影出版社,2007.5

(中国电影家传记丛书)

ISBN 978-7-106-02751-3

Ⅰ.像… Ⅱ.严… Ⅲ.严恭—自传 Ⅳ.K825.78

中国版本图书馆CIP数据核字(2007)第045010号

责任编辑:曹　茜
图片编辑:赵子航
装帧设计:赵子航
责任校对:紫　微
责任印制:刘继海

像诗一样真实——严恭自传

严恭　著

出版发行　中国电影出版社(北京北三环东路22号)邮编100013
电话:64296657(总编室)　64216278(发行部)
64296742(邮购部)

经　销　新华书店

印　刷　北京鑫丰华彩印有限公司

版　次　2007年7月第1版　2007年7月北京第1次印刷

规　格　开本/787×1000毫米　1/16
印张/13.75　插页/4　字数/232千字

印　数　1—3000册

书　号　ISBN 978-7-106-02751-3/K·0100

定　价　28.00元